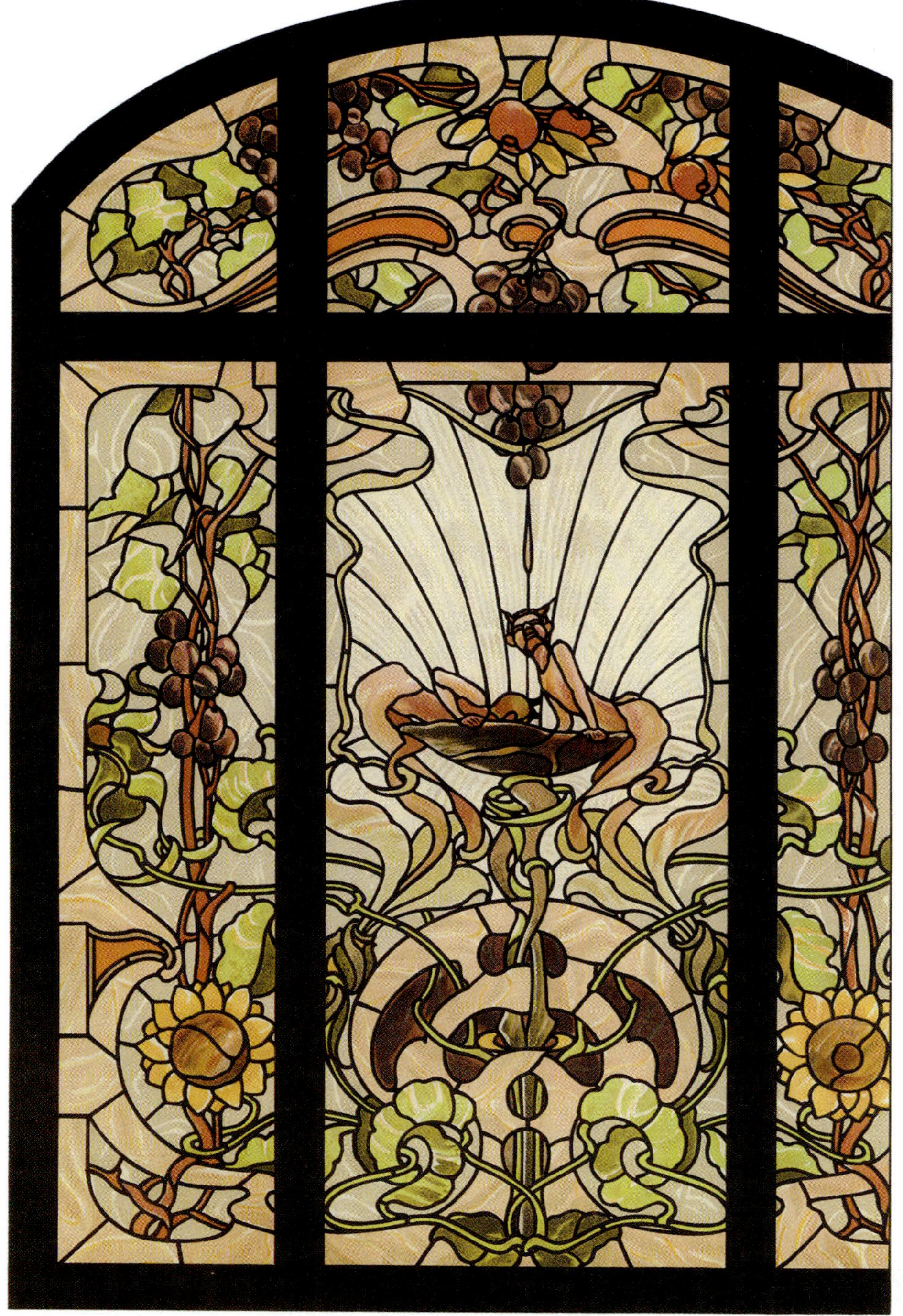

001

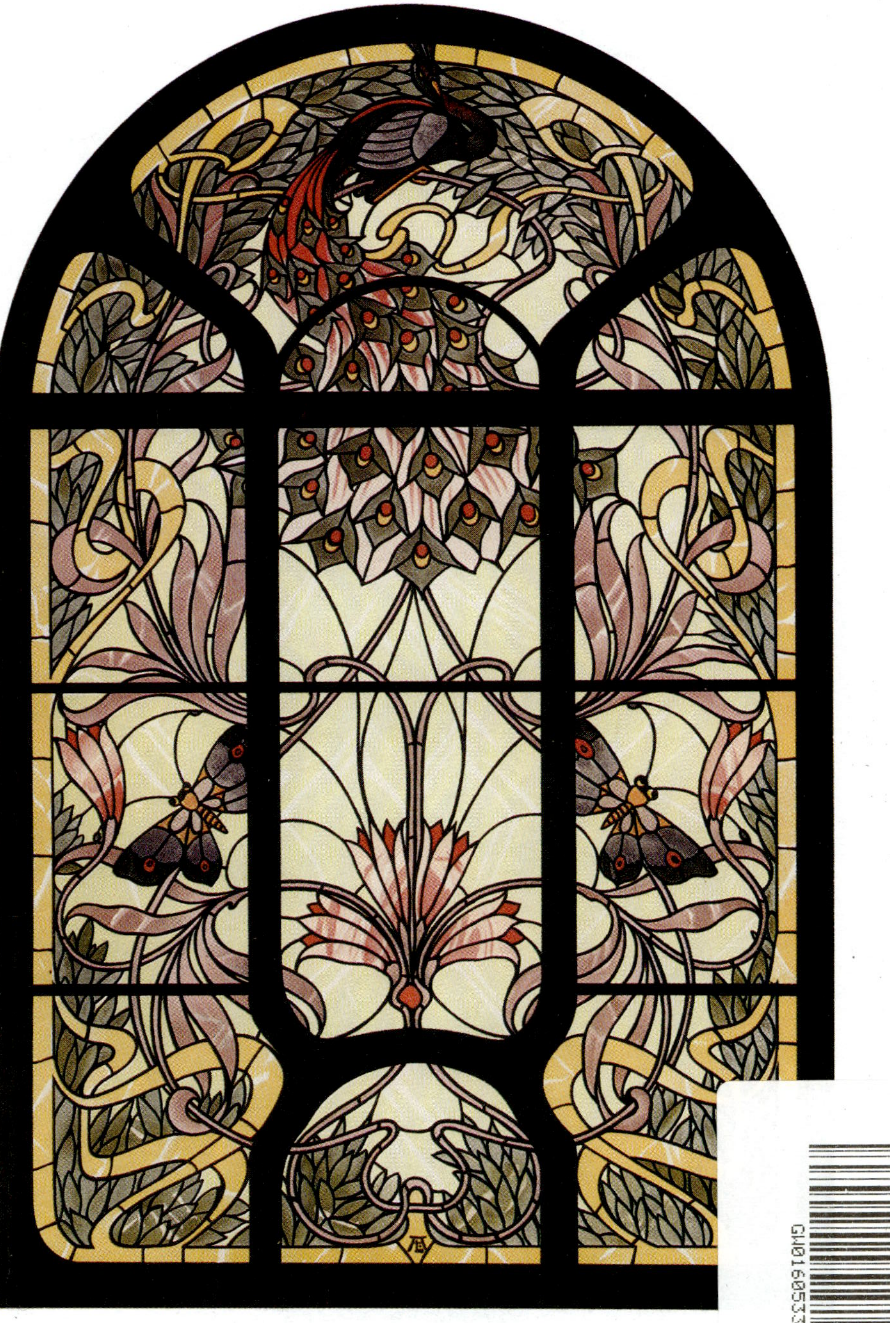

002

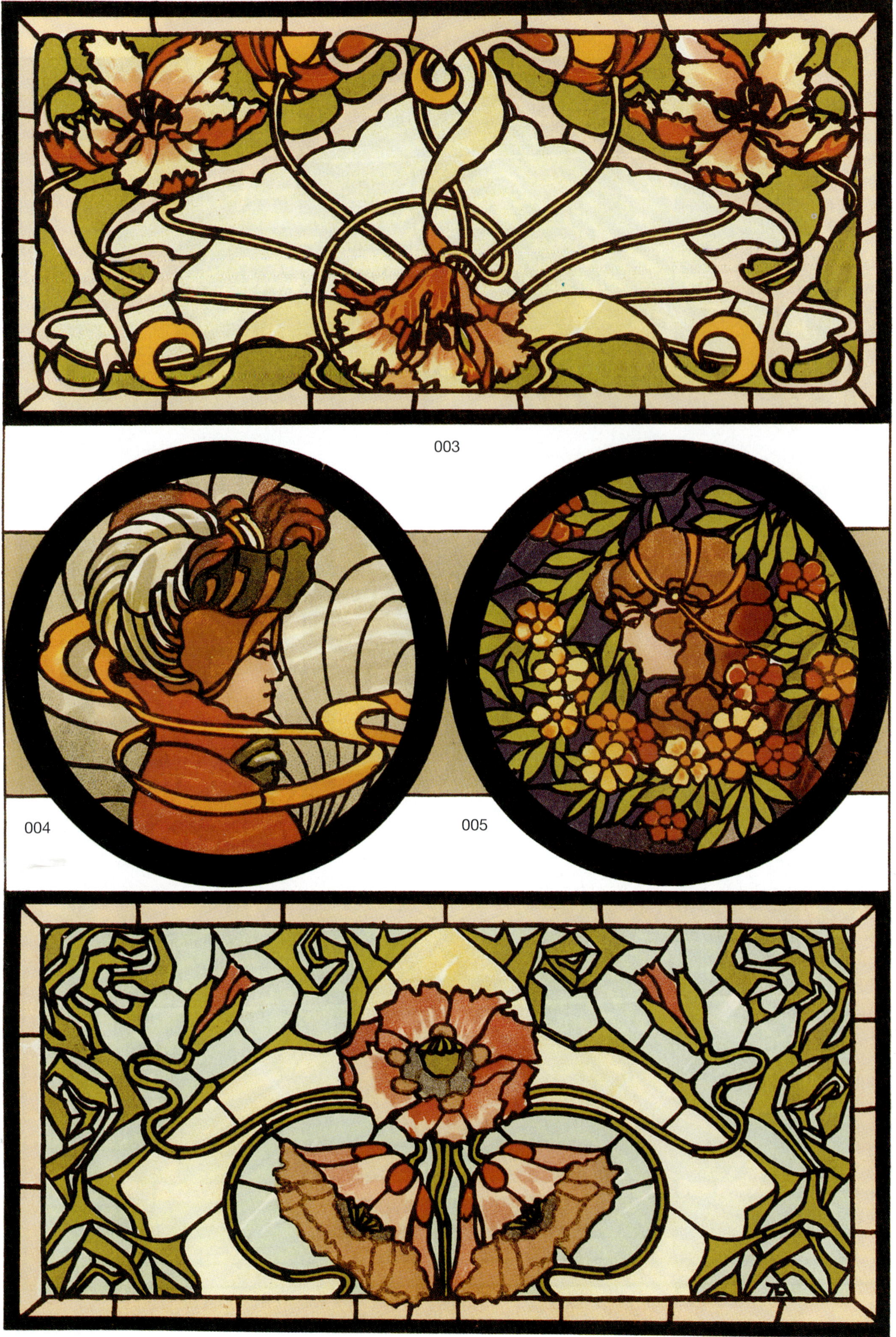

003

004

005

006

007

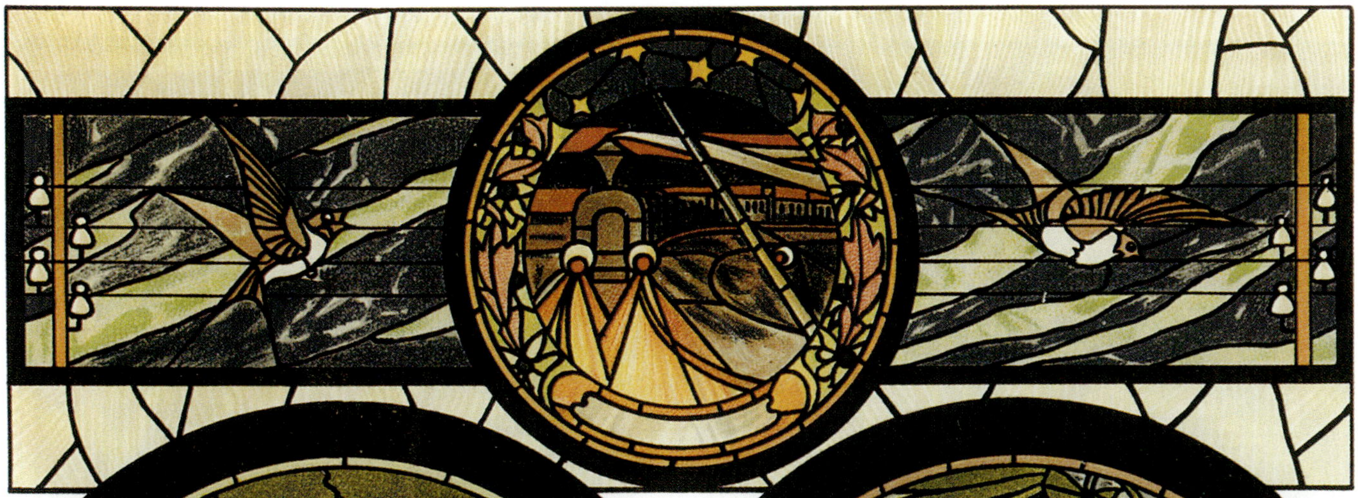

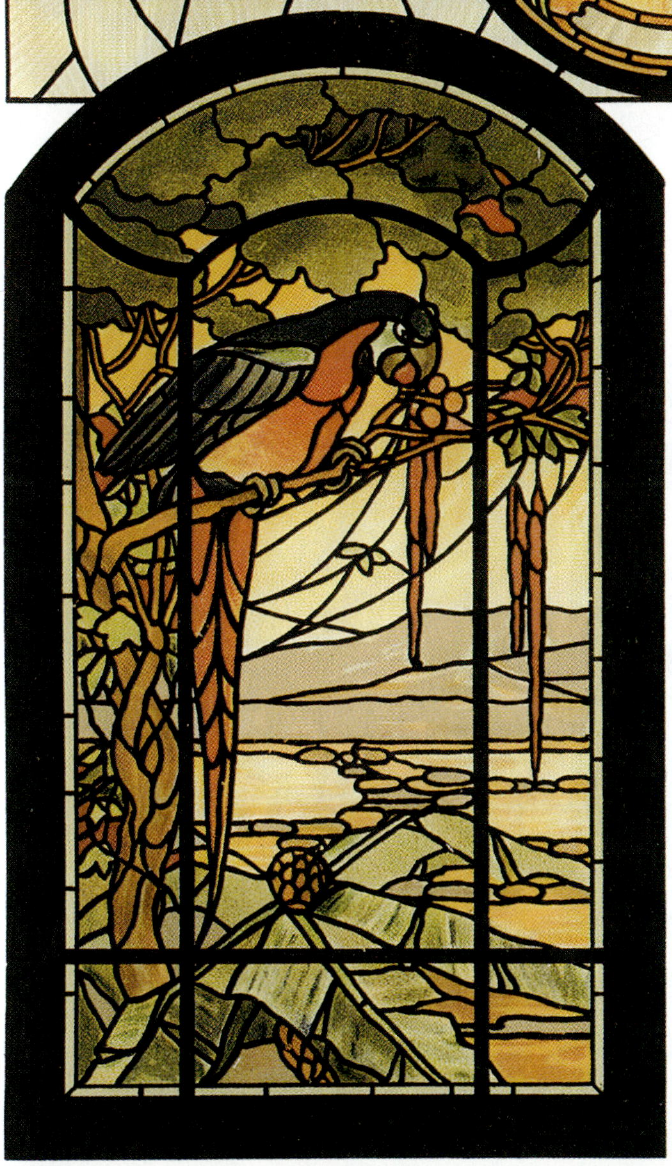

008

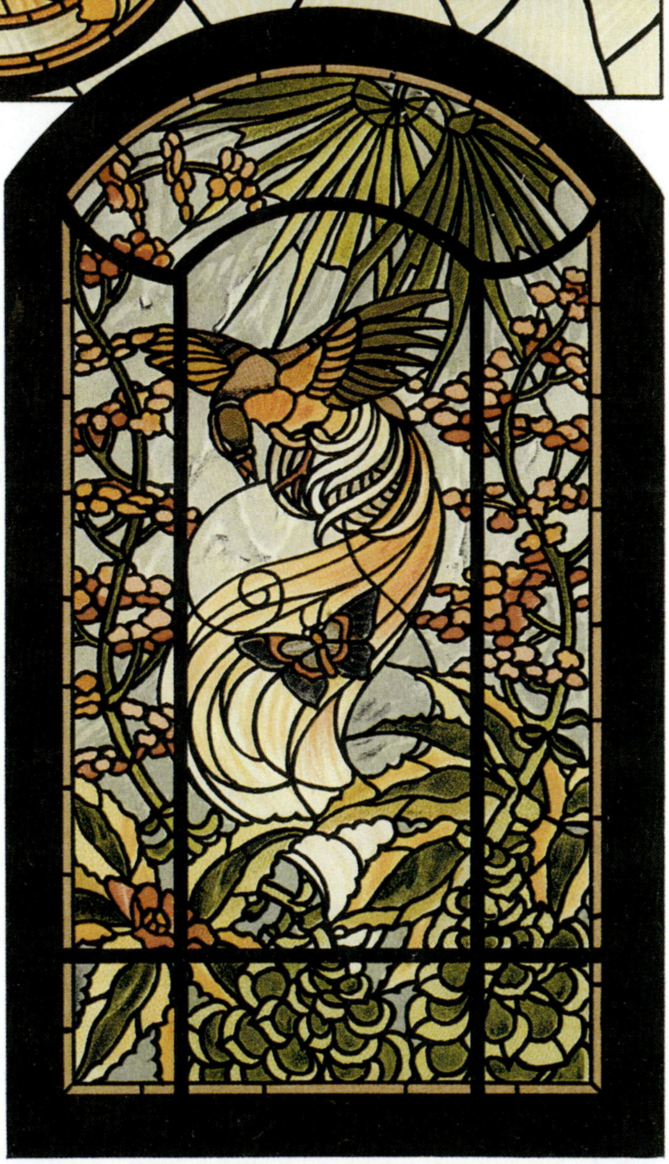

009

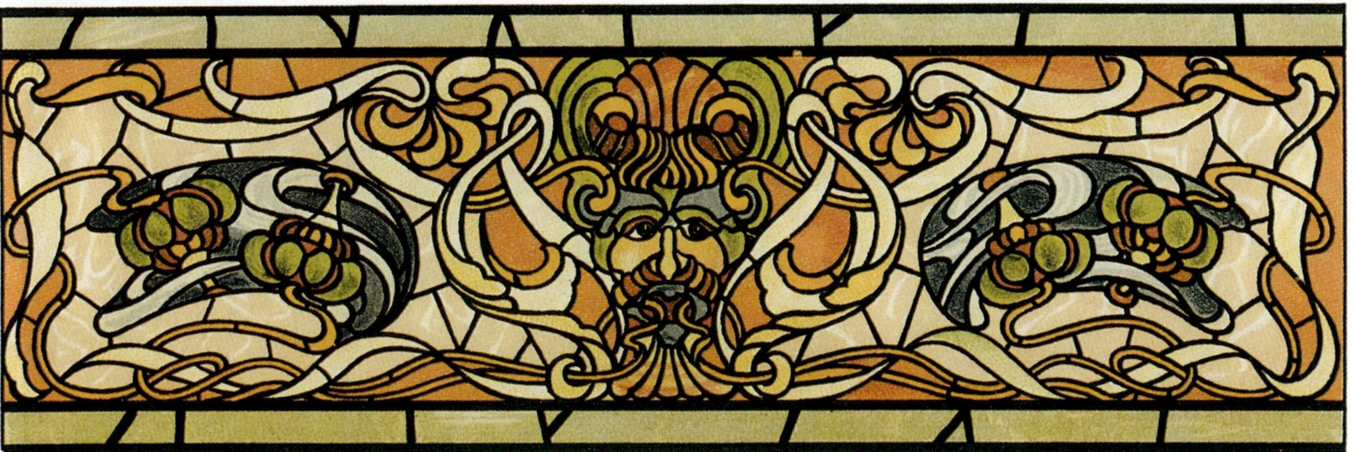

010

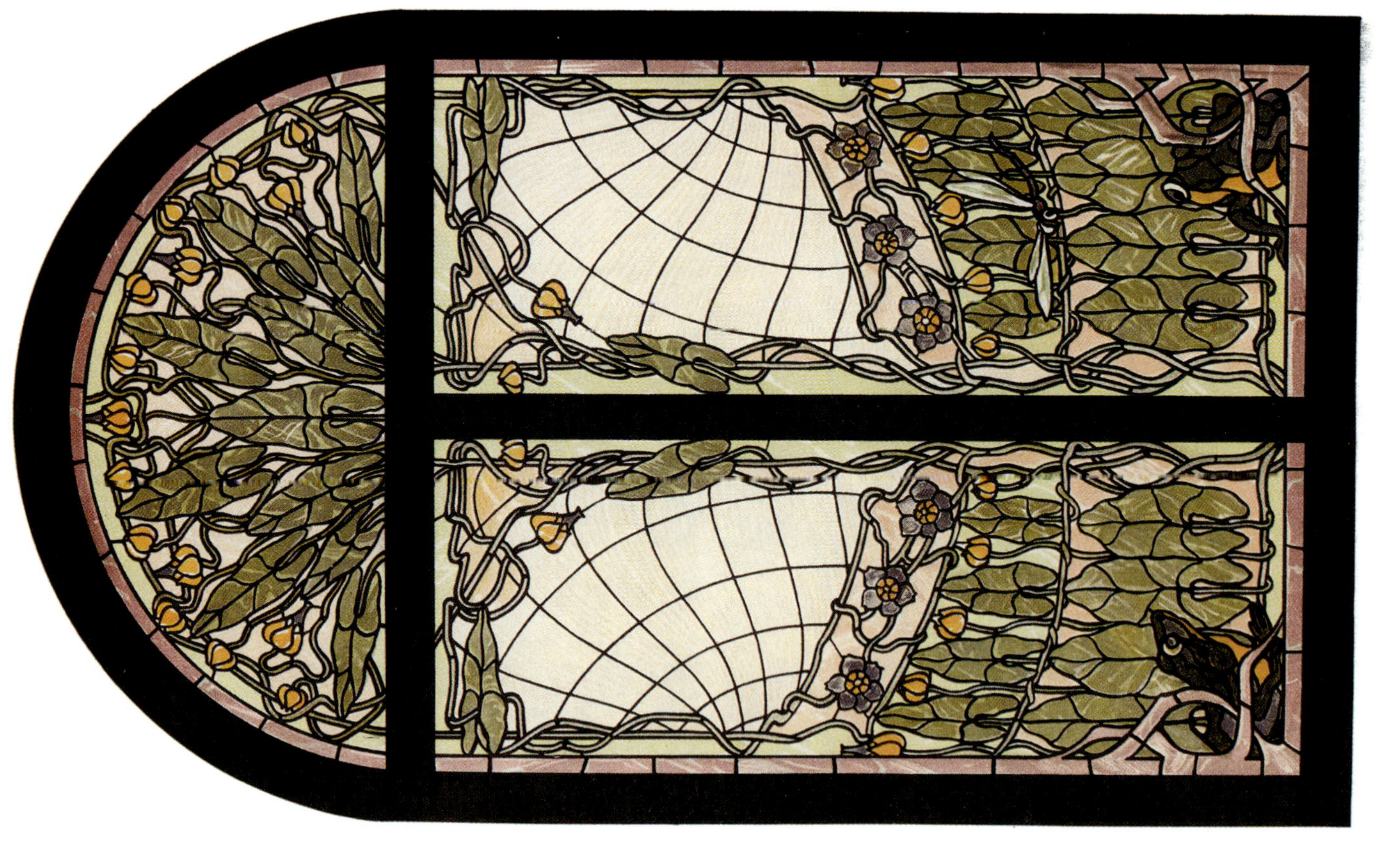

012

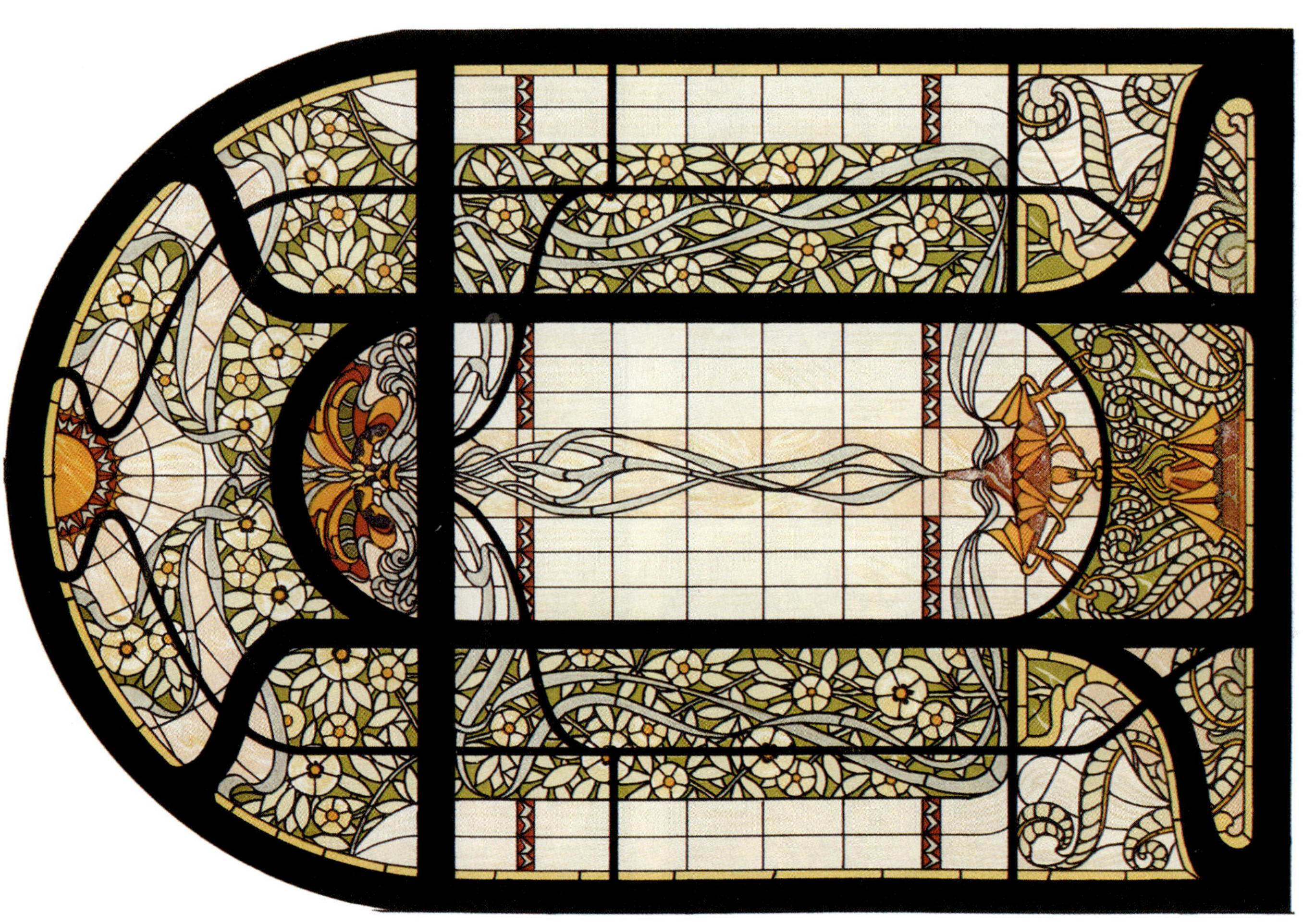

011

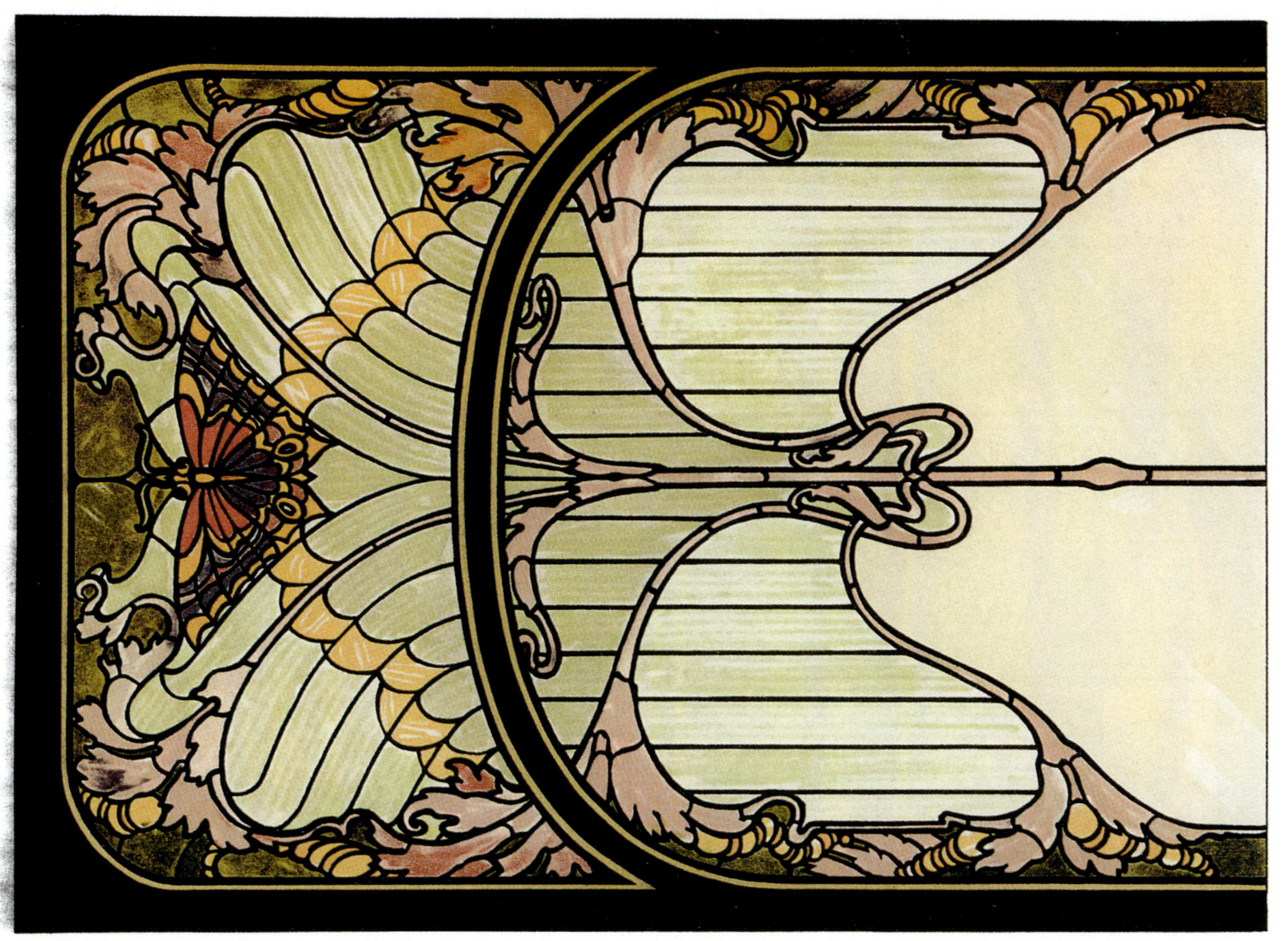

014

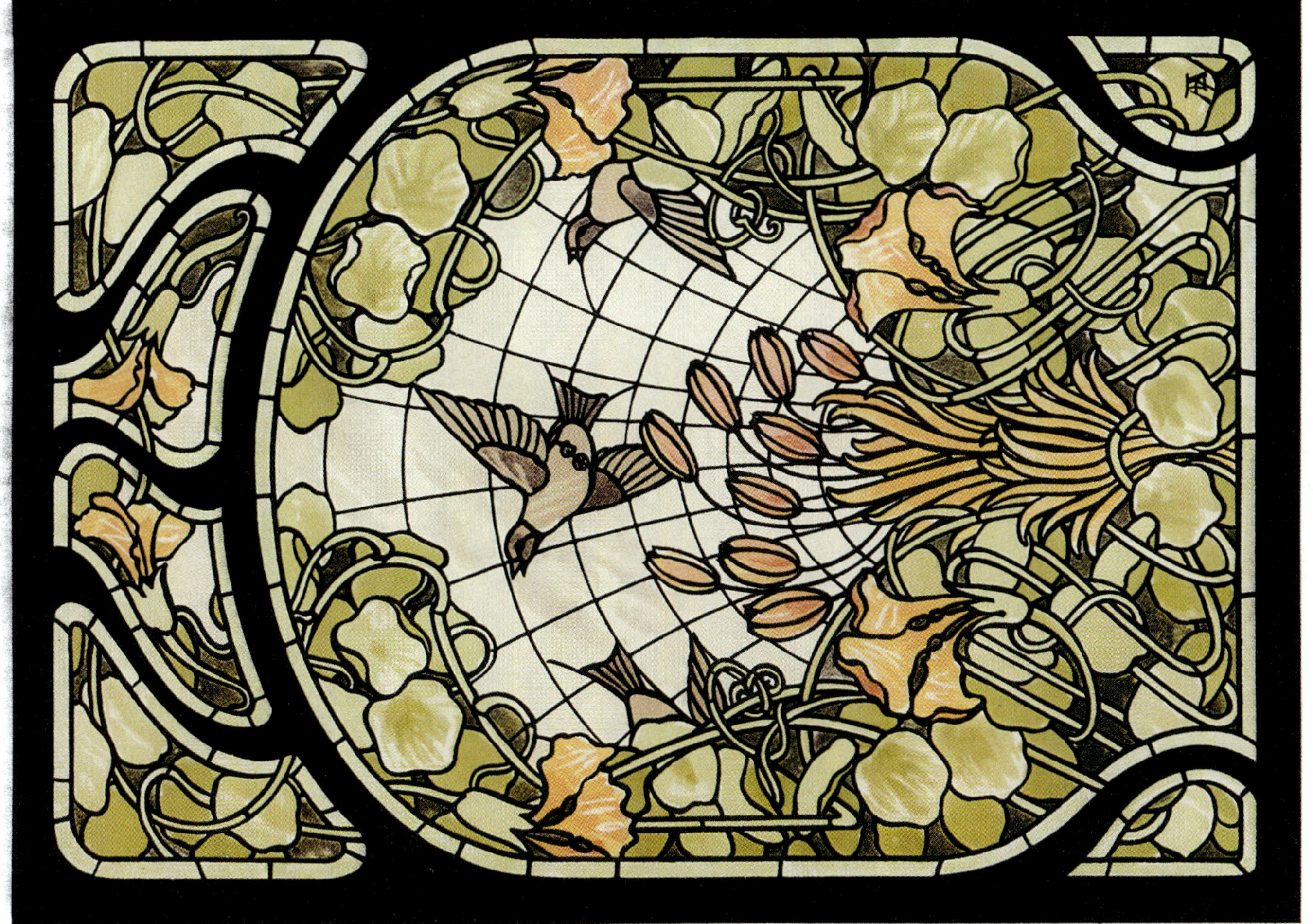

013

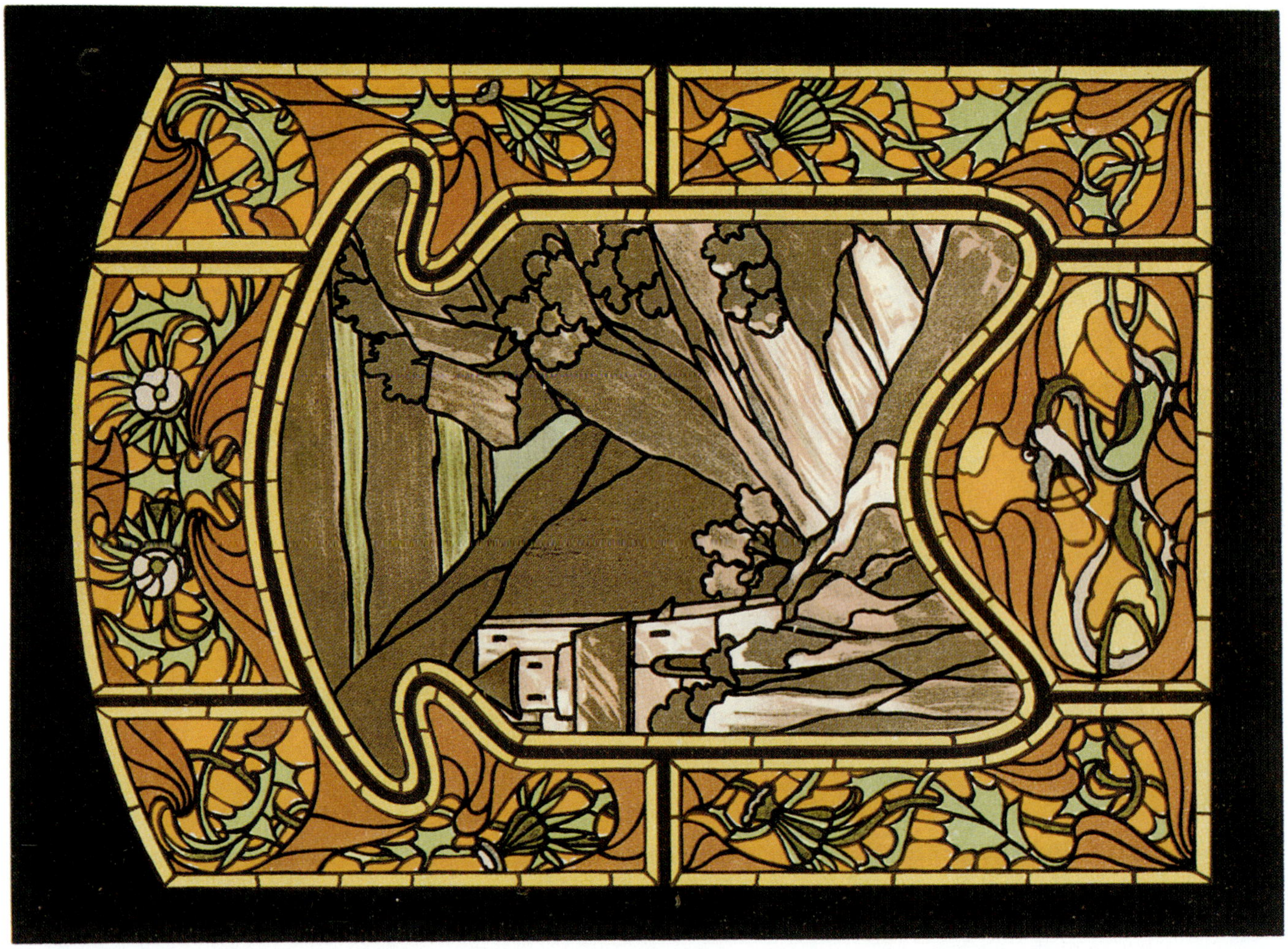

016

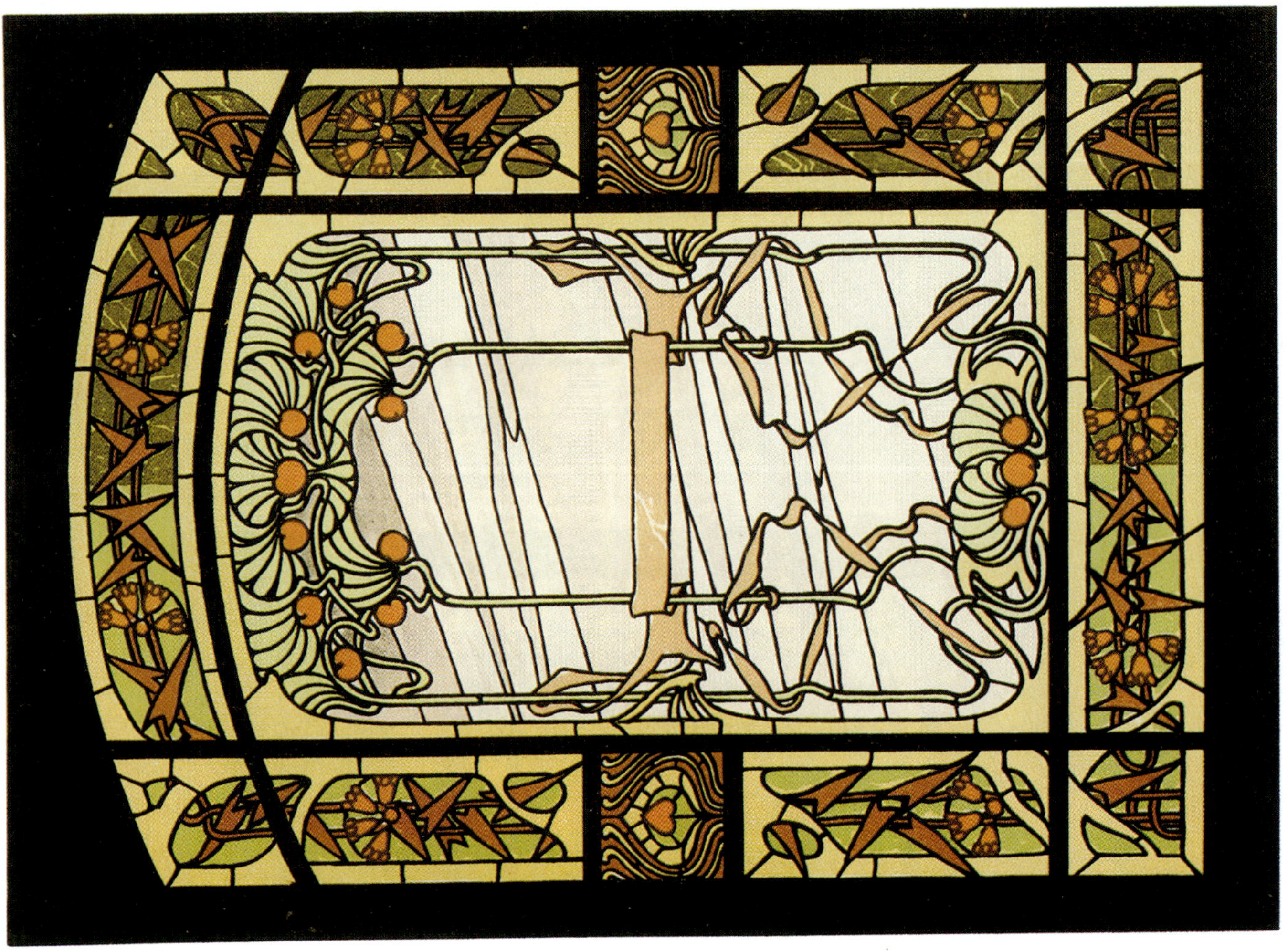

015

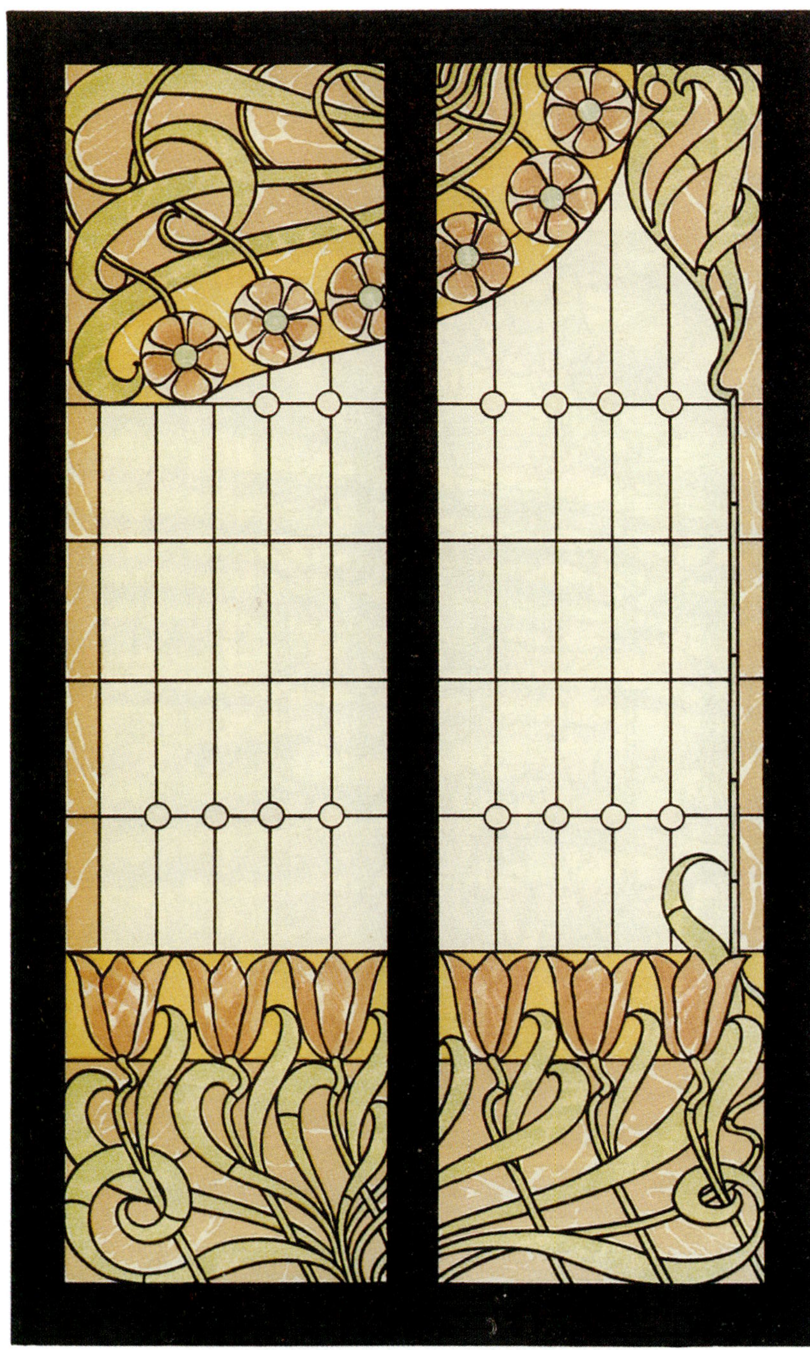

017

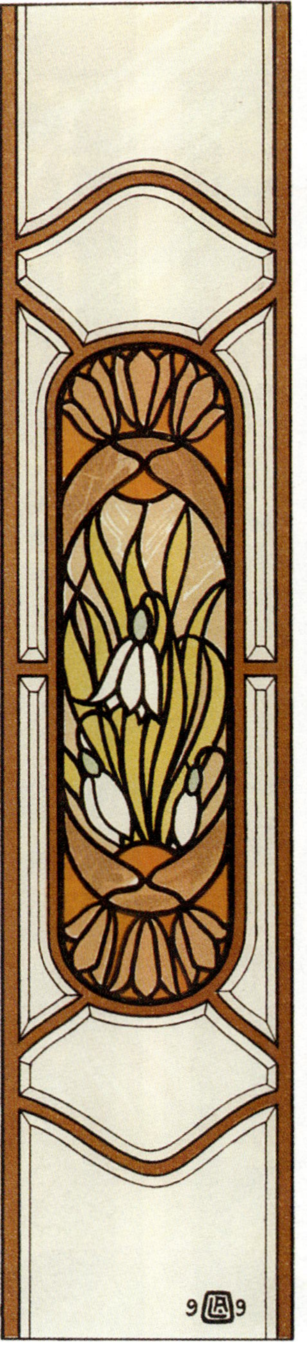

018

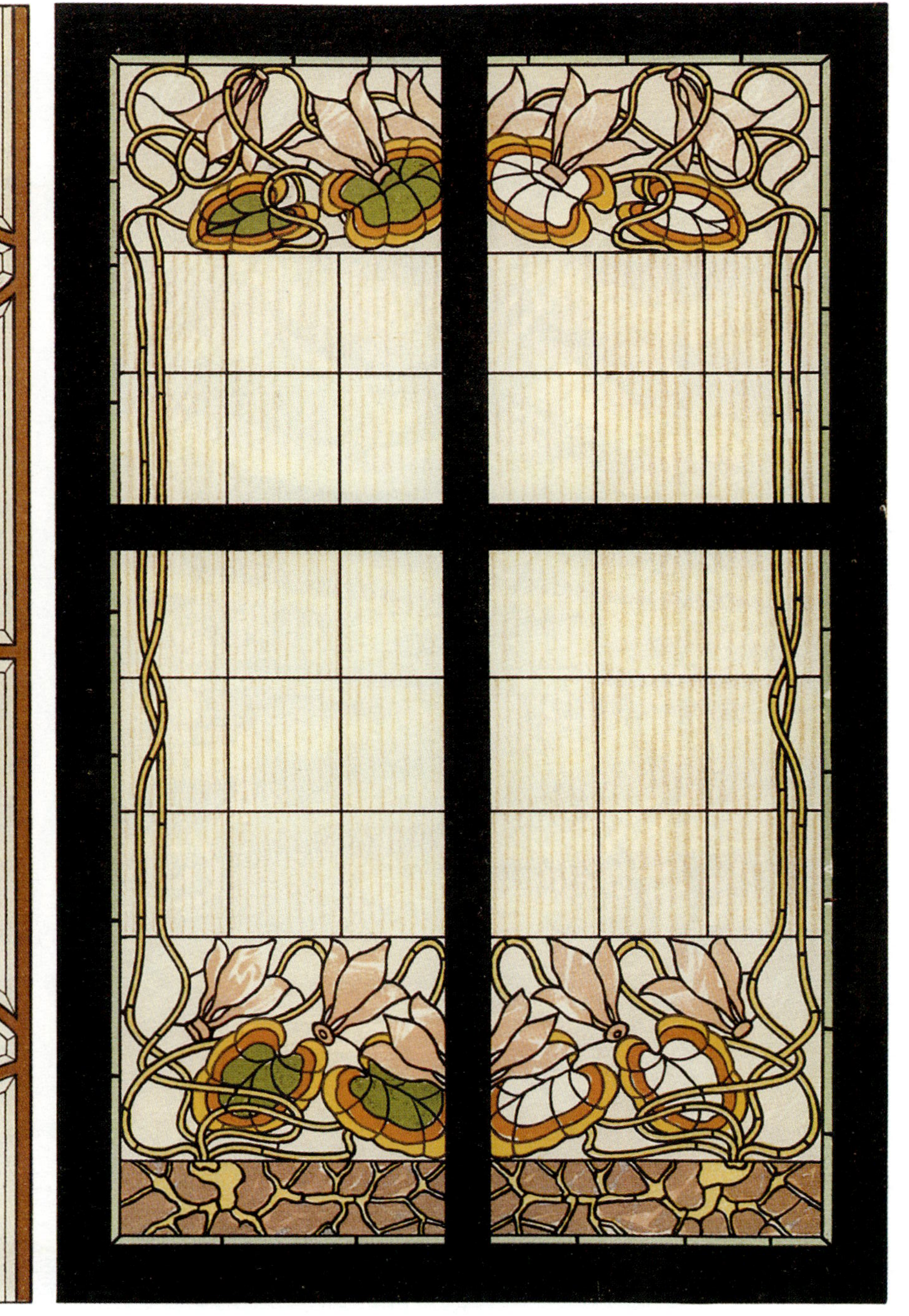

019

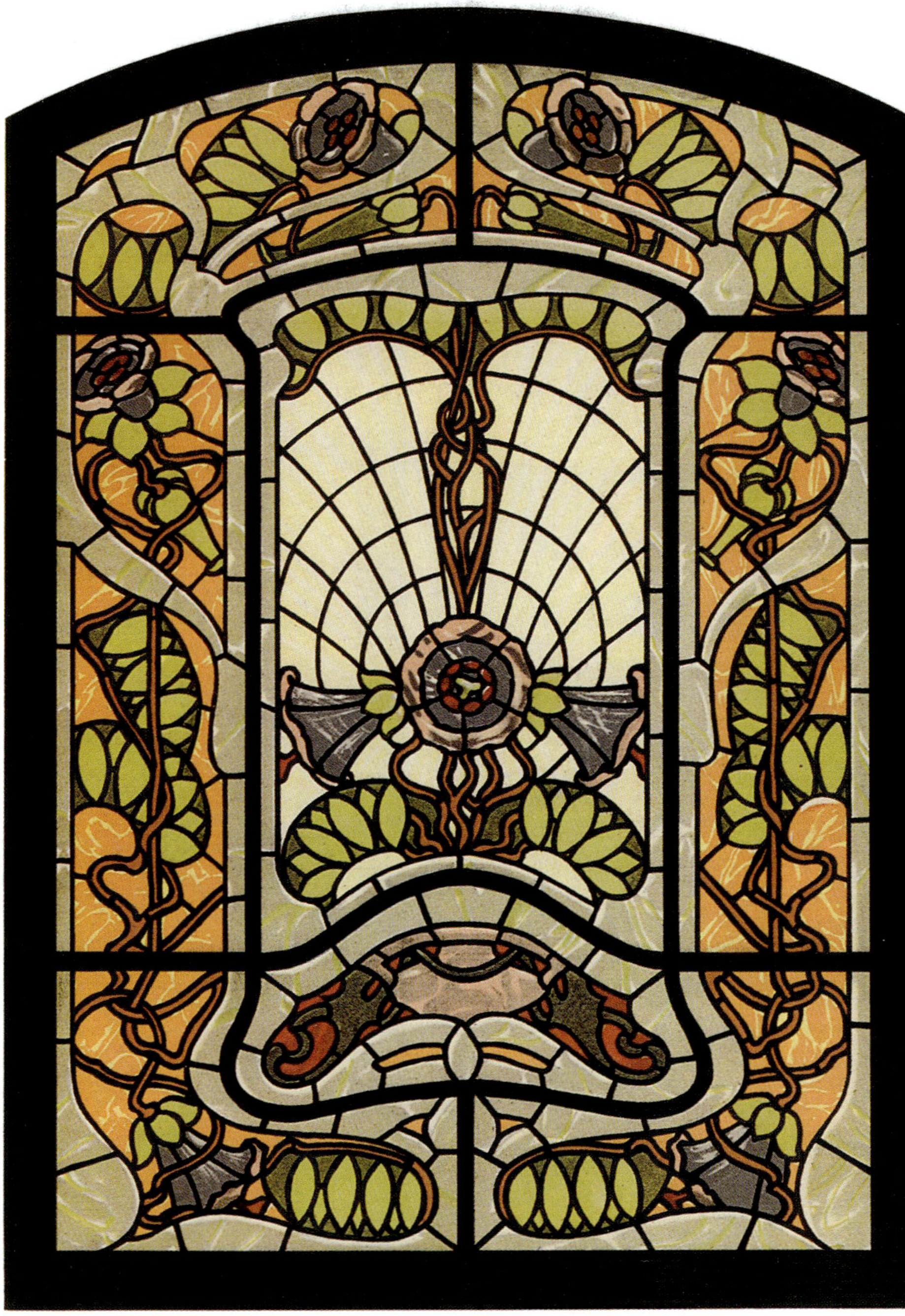

020

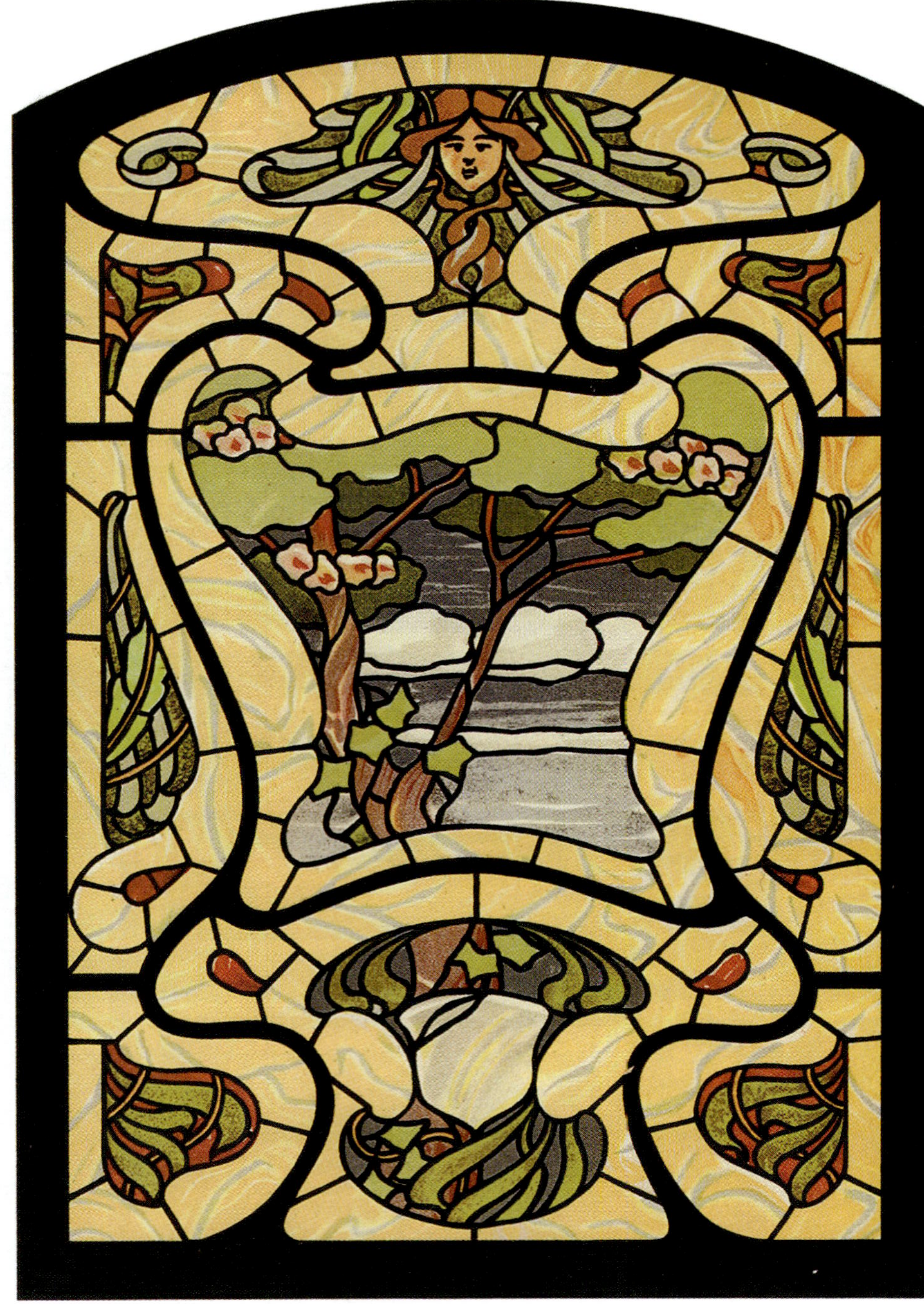

021

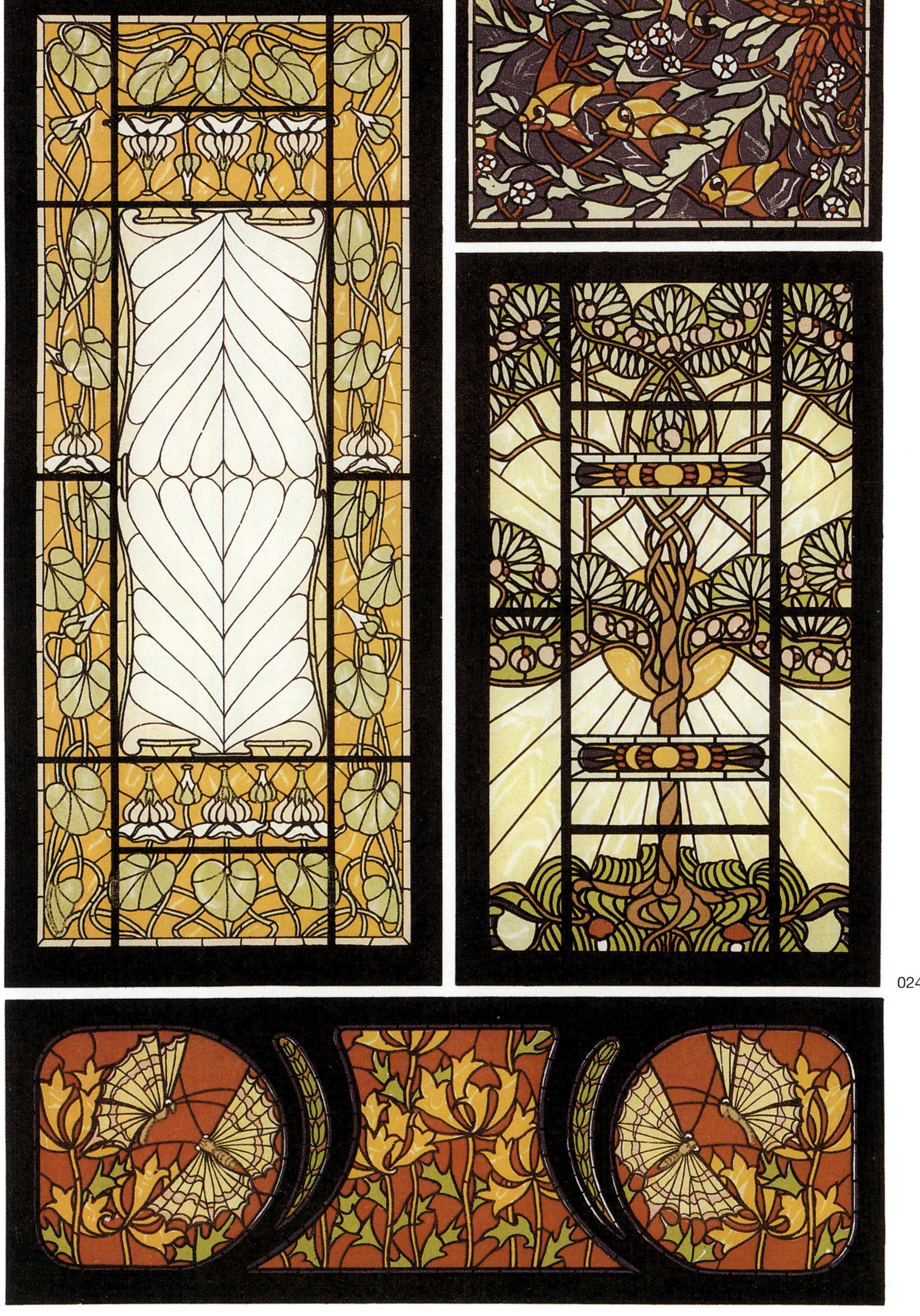

022

023

024

025

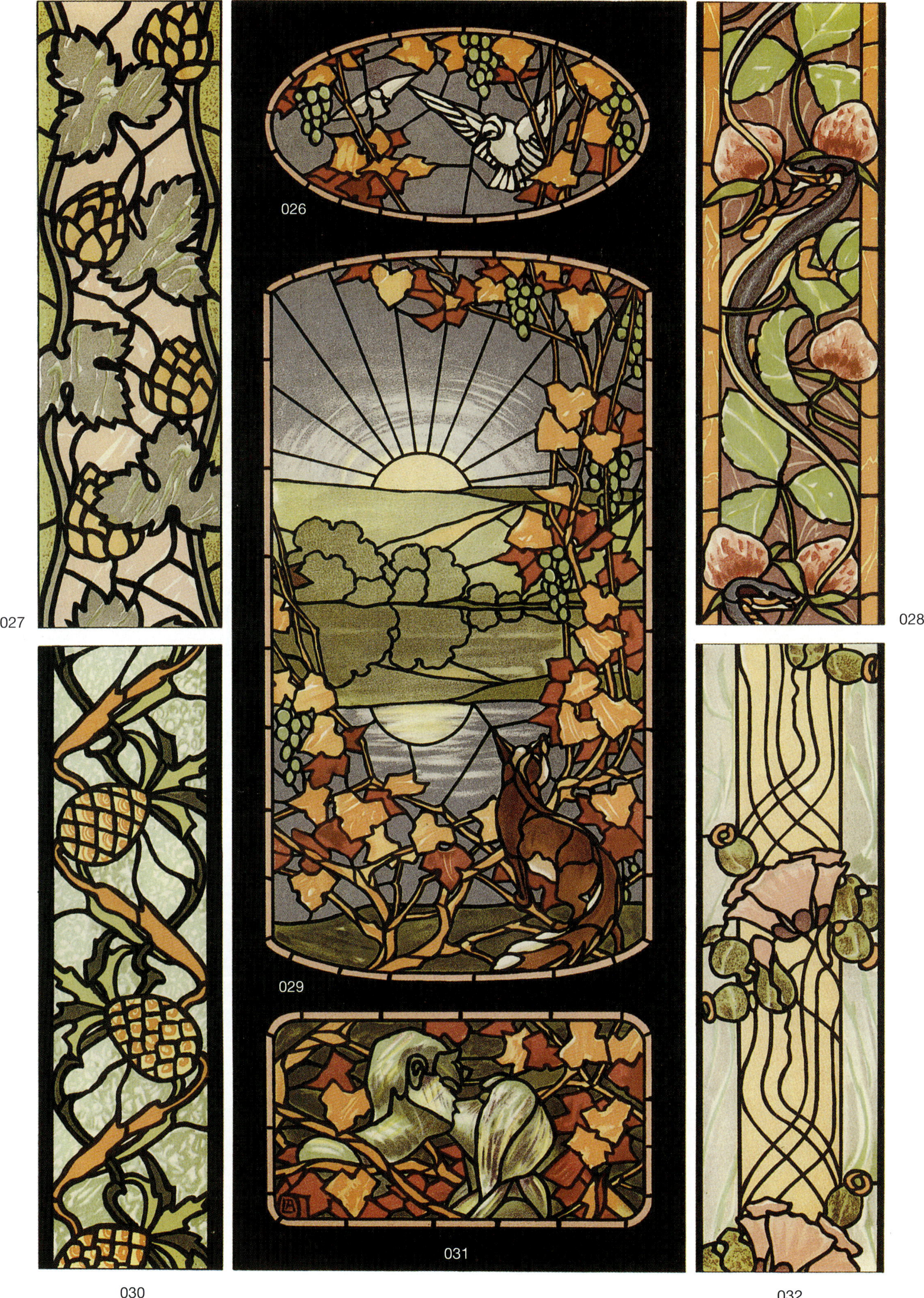

026

027

028

029

030

031

032

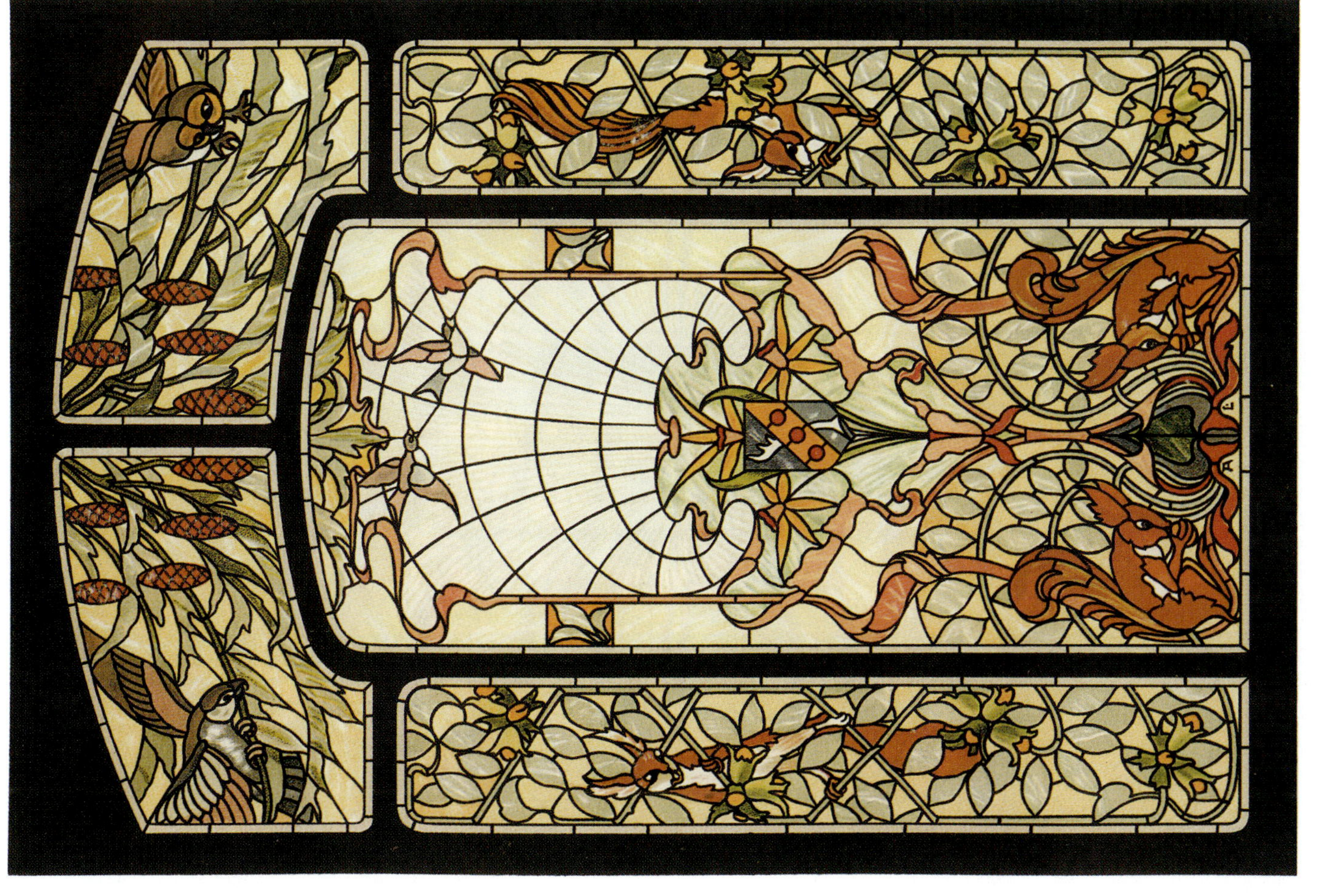

034

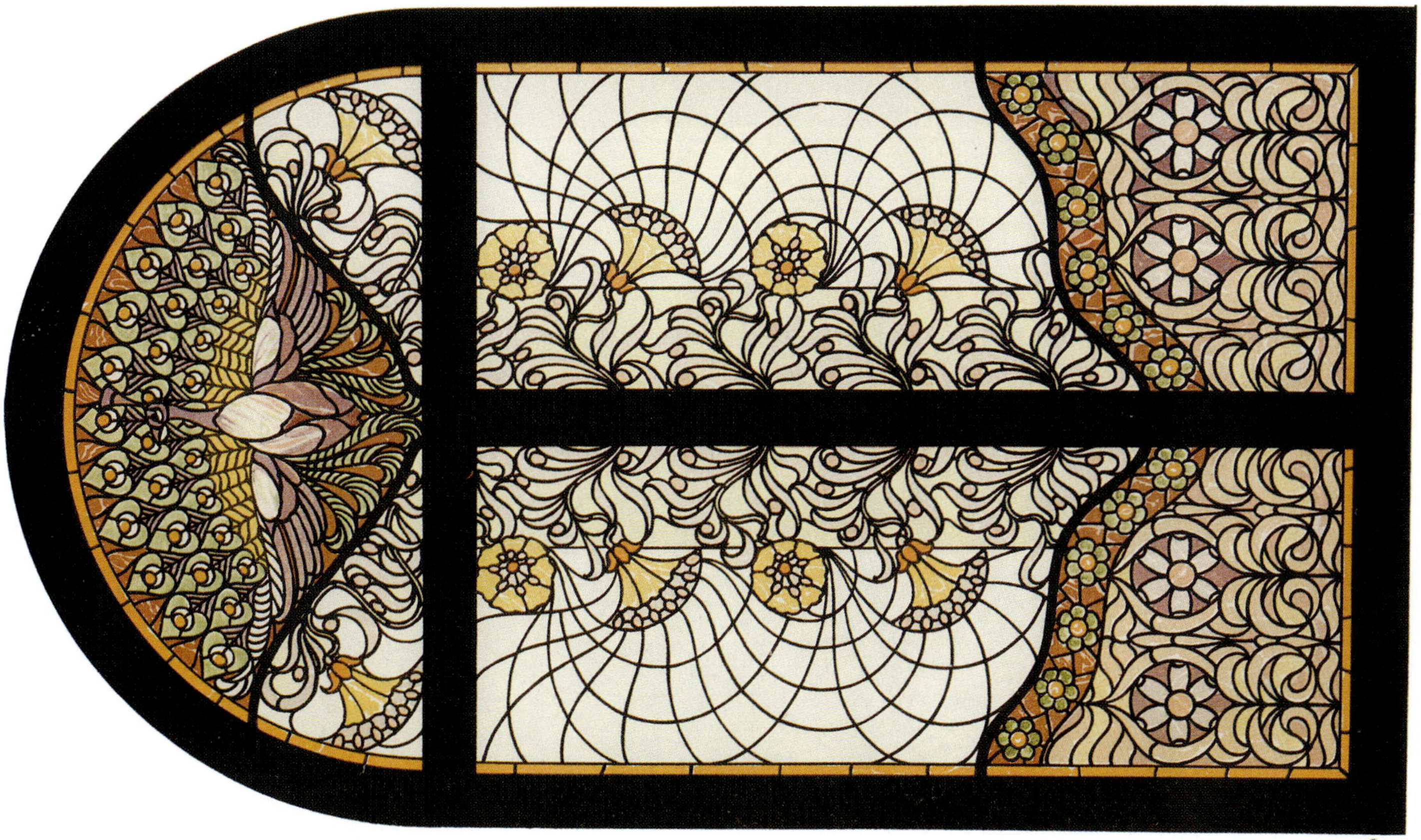

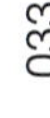

033

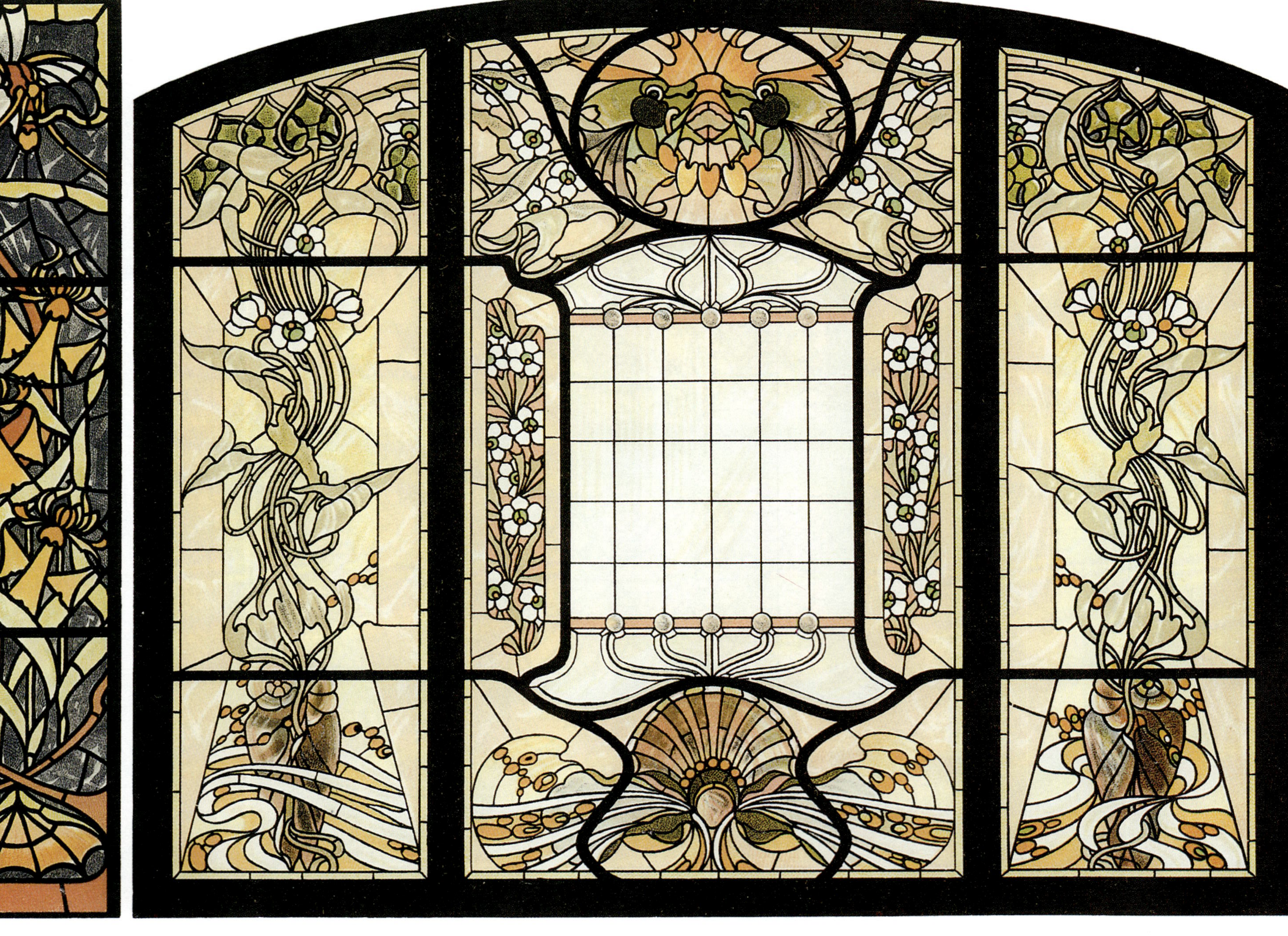

035 036 037 038

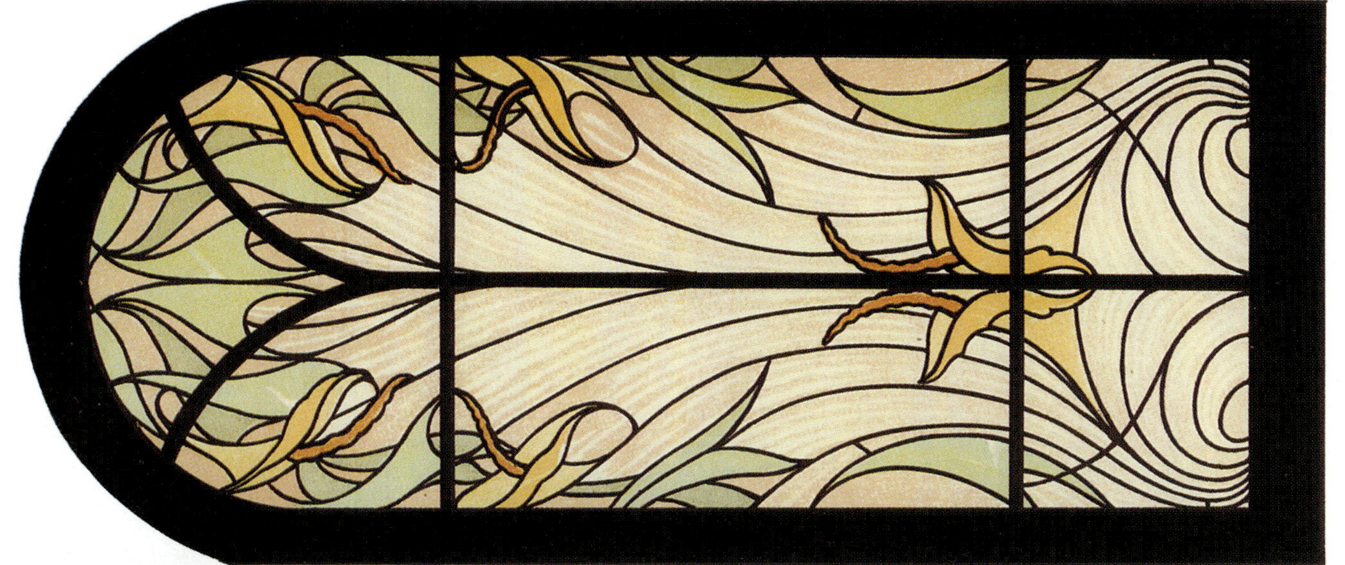

041

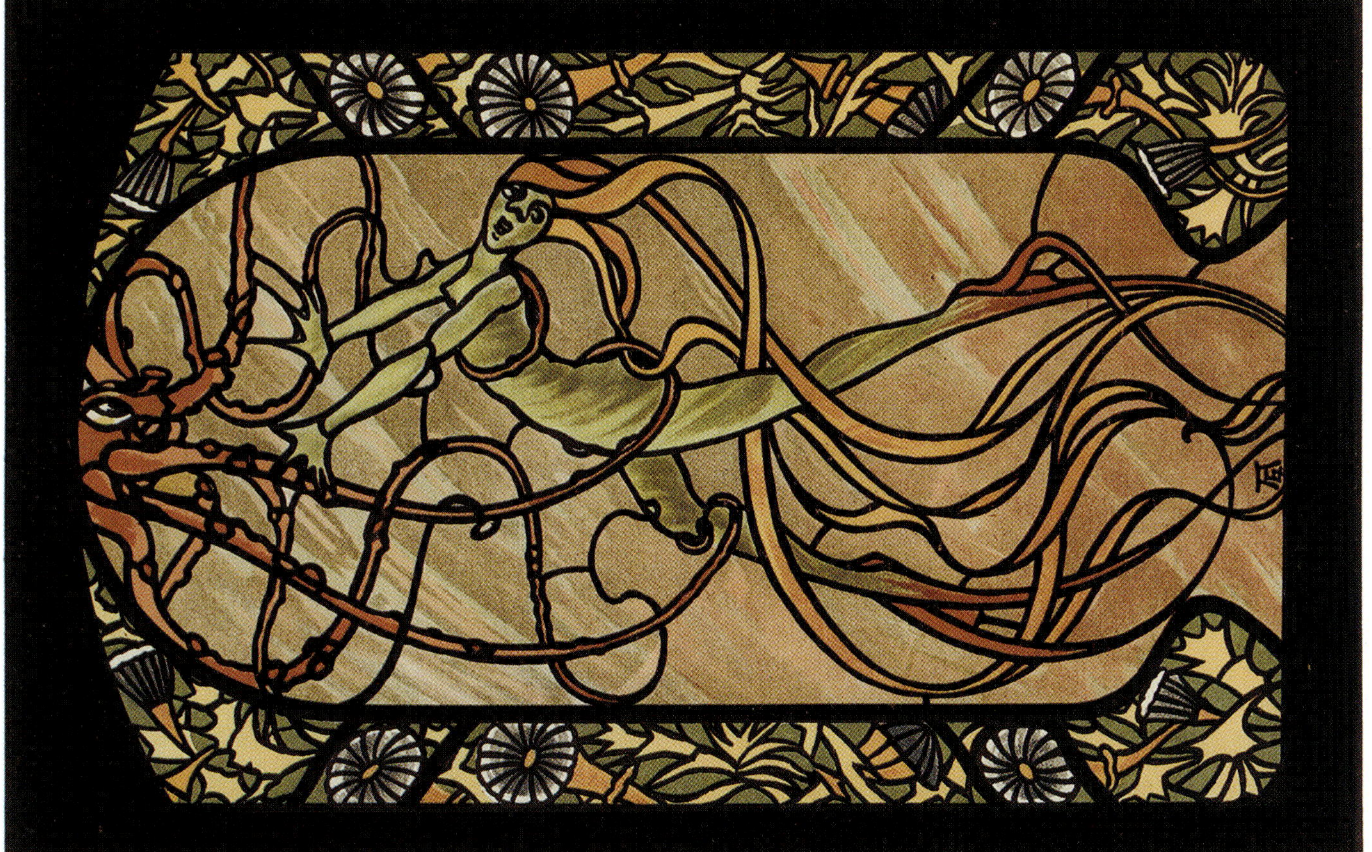

040

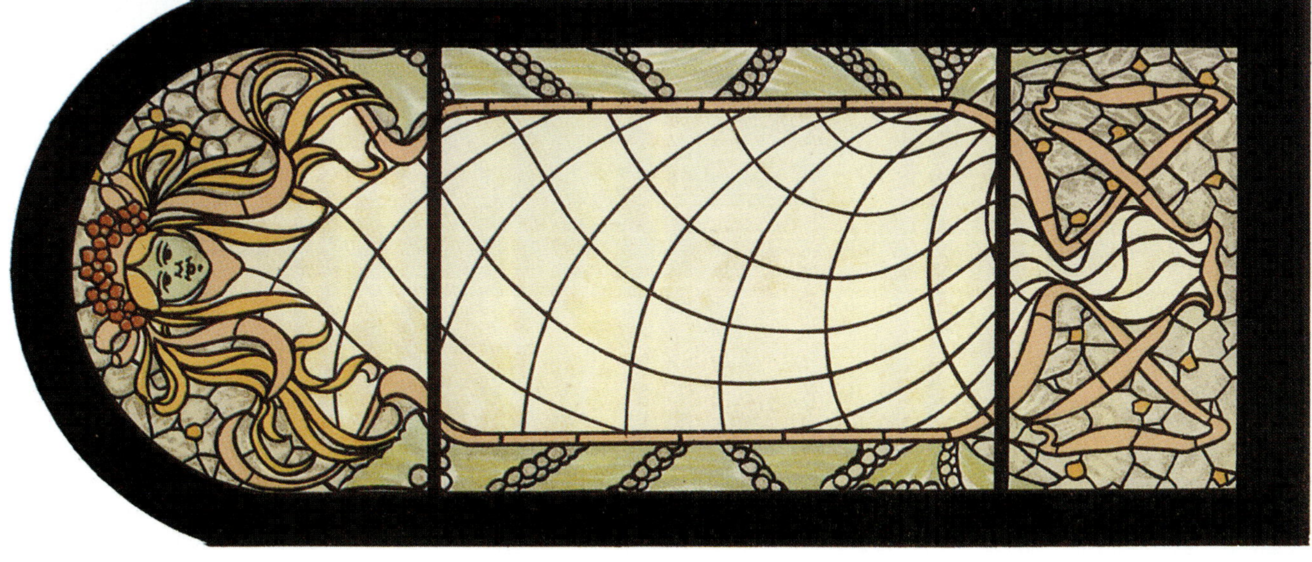

039

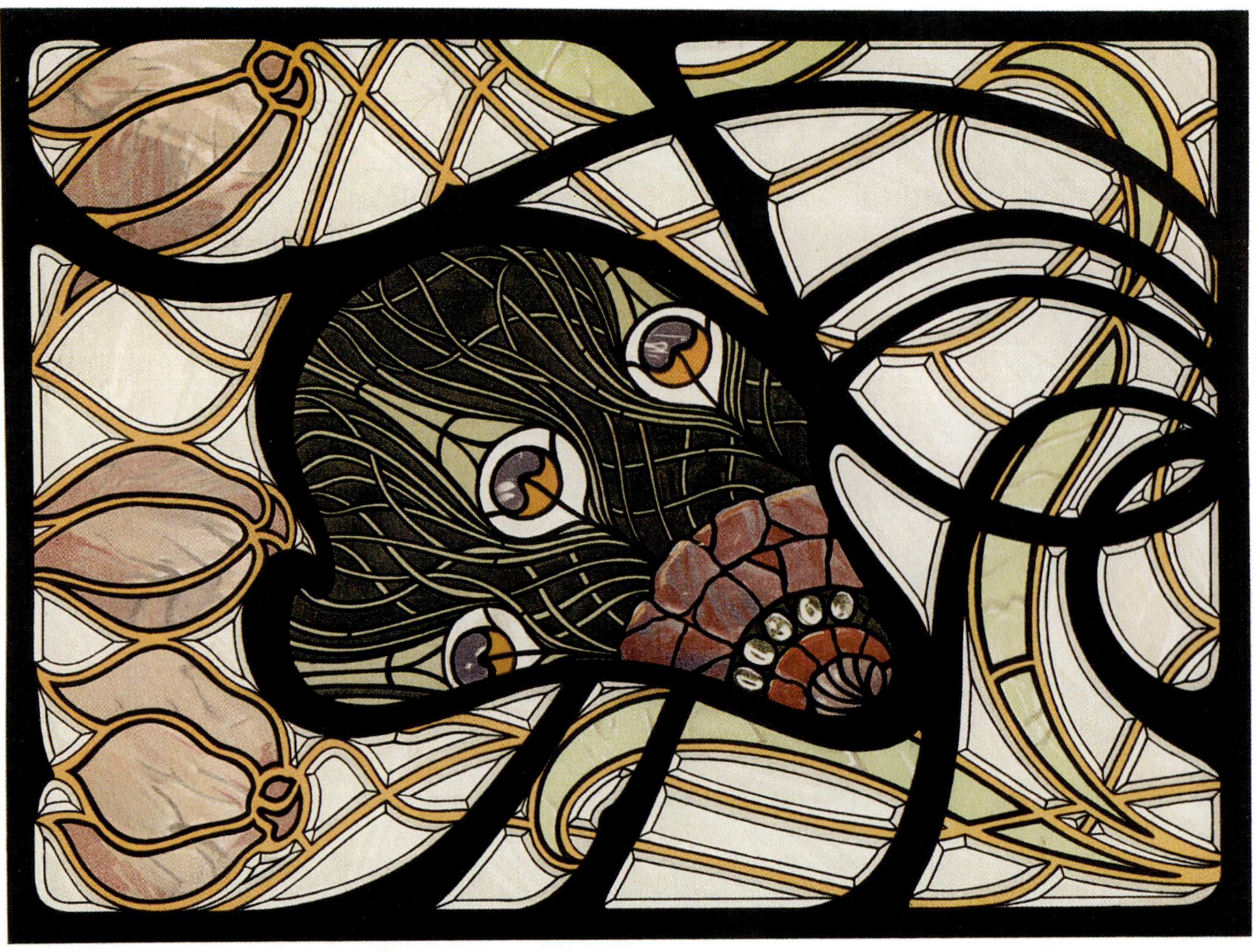

043

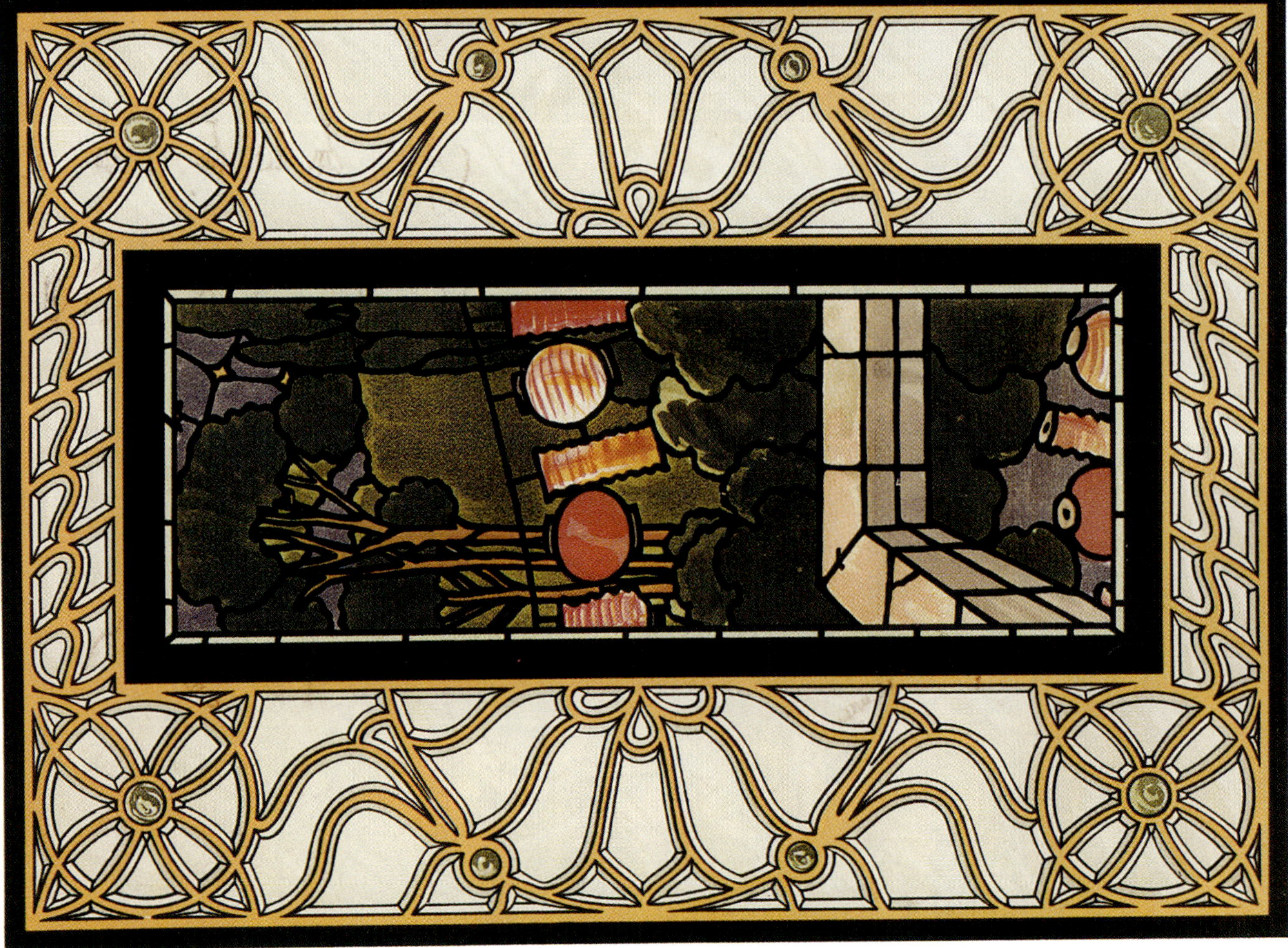

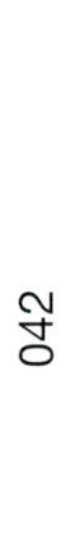

042

044

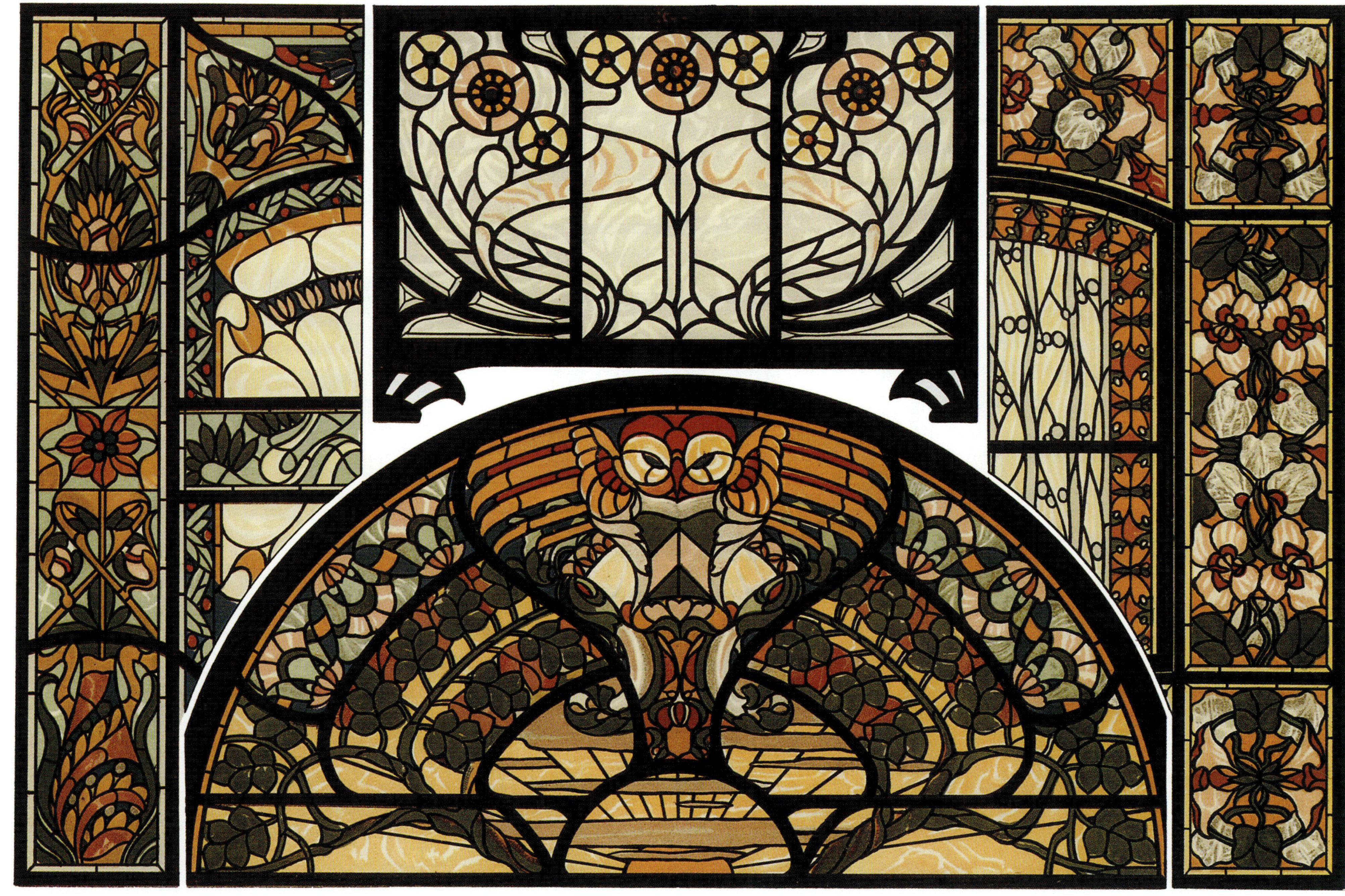

045

046

047

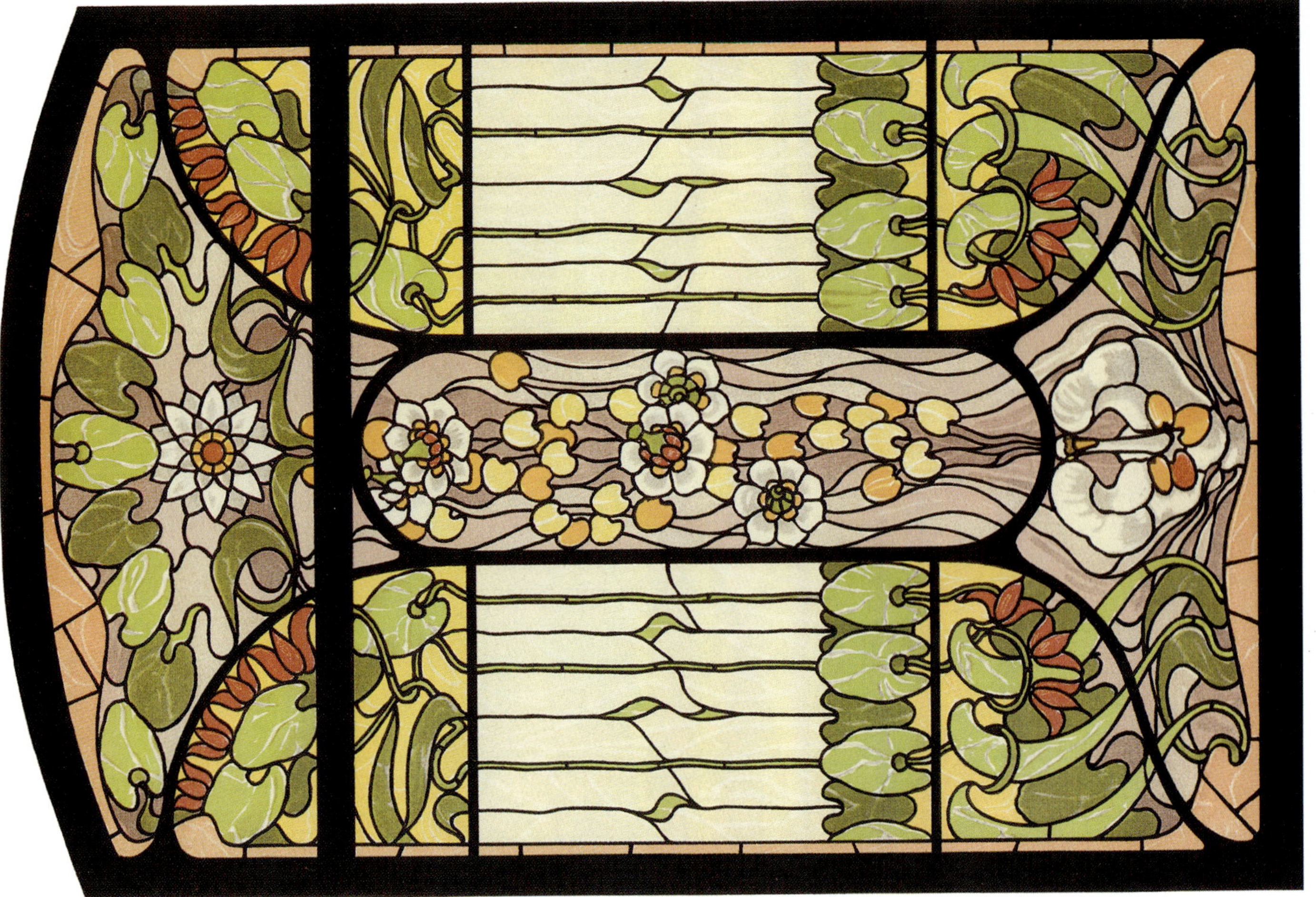

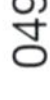

049

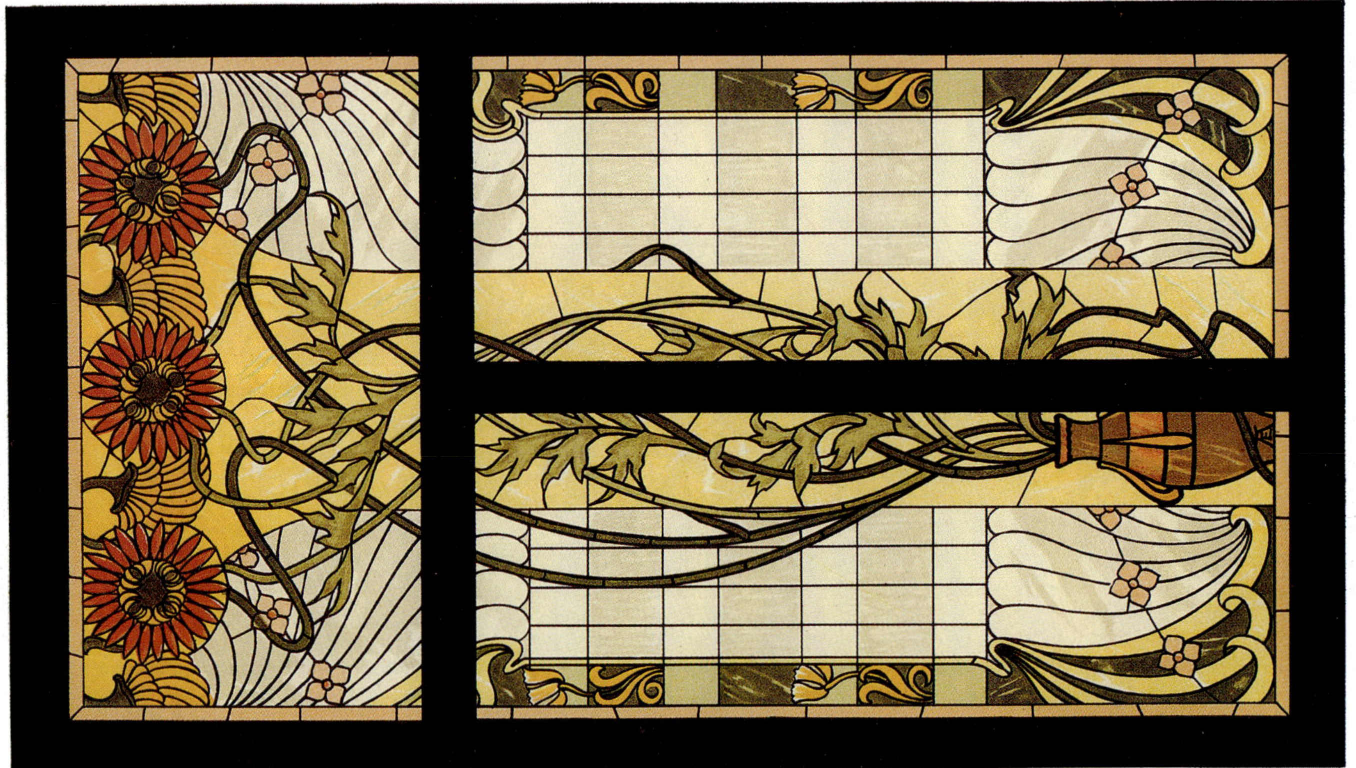

048

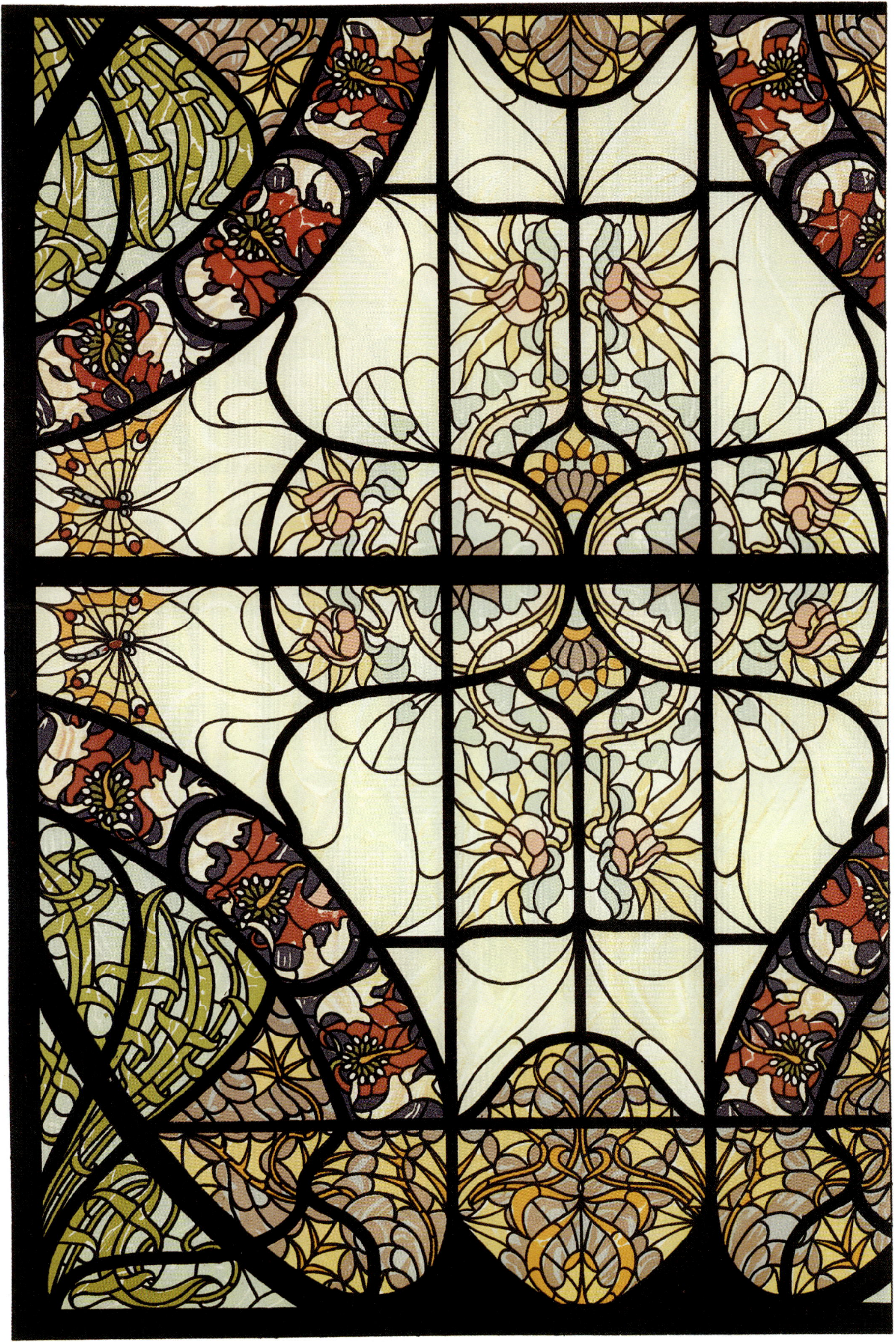

050

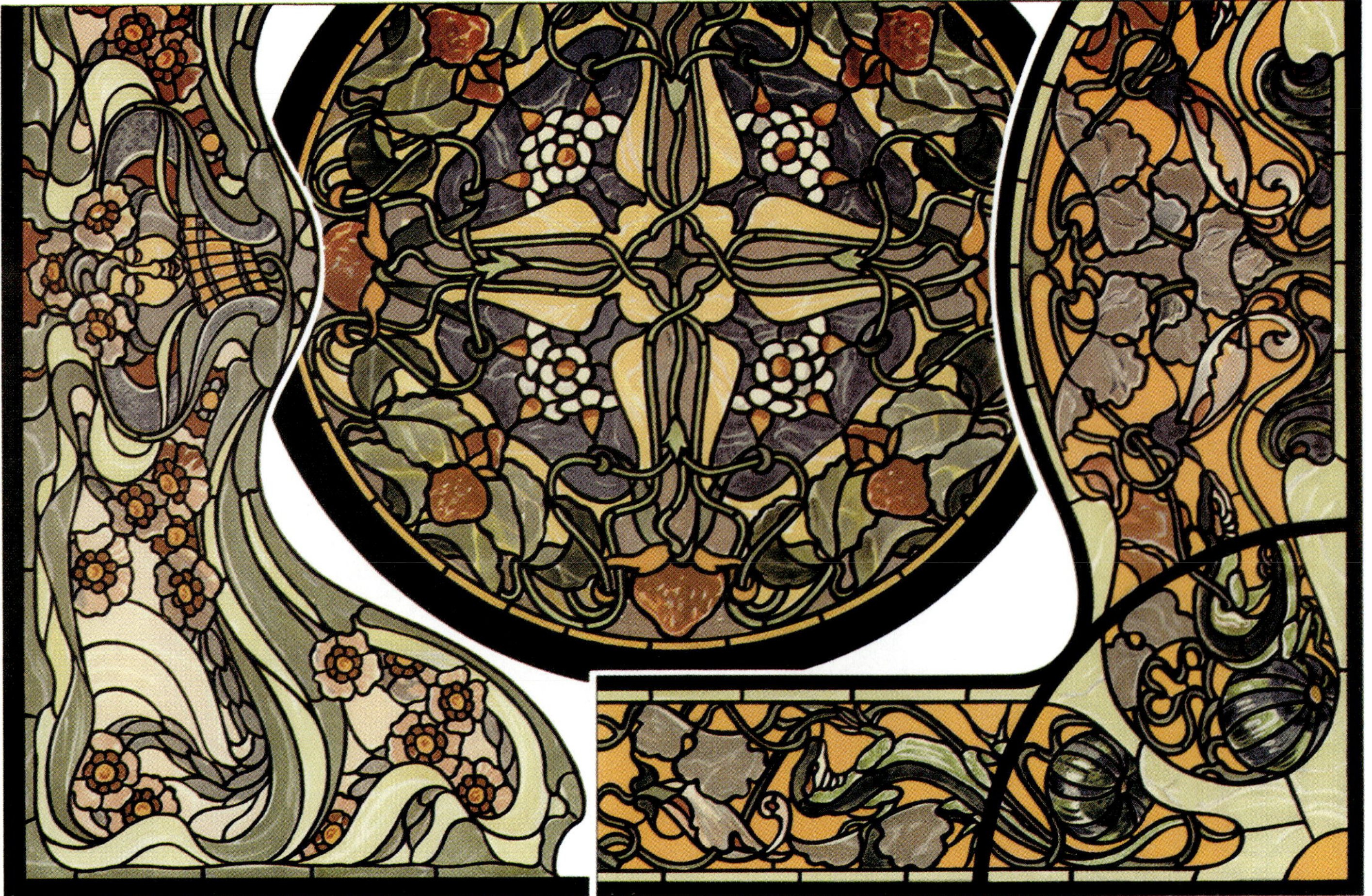

054

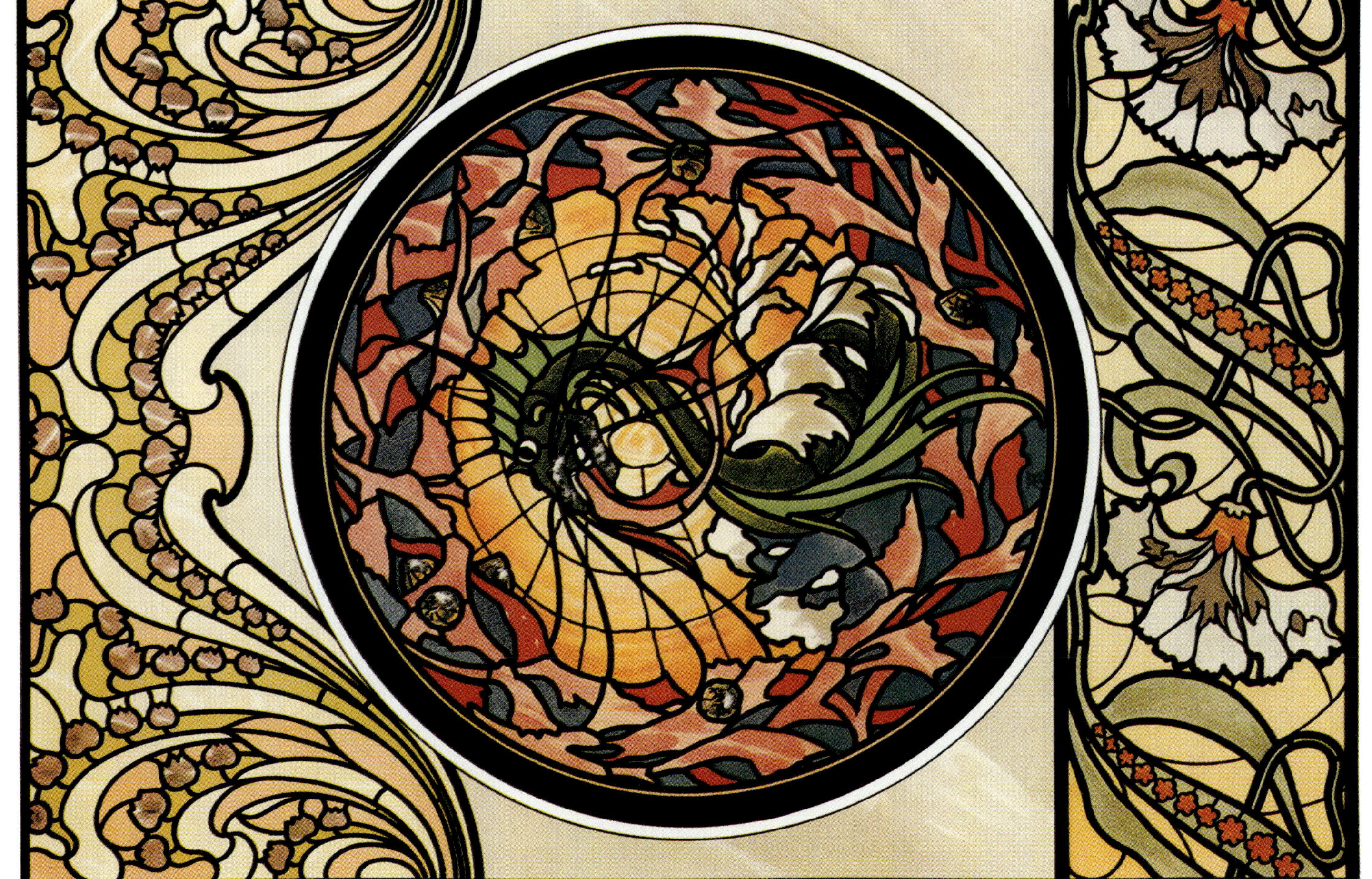

051

053

052

055

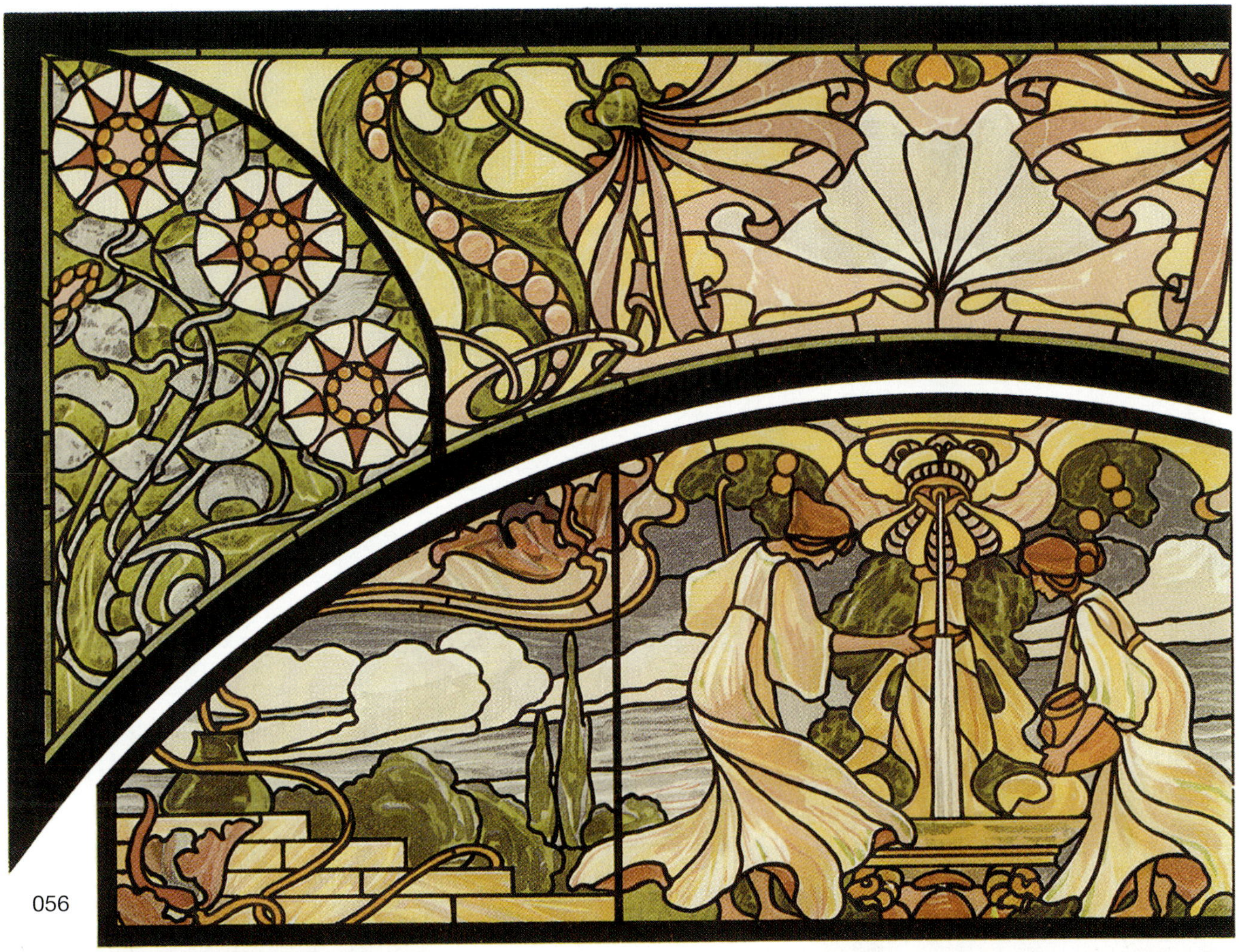

056

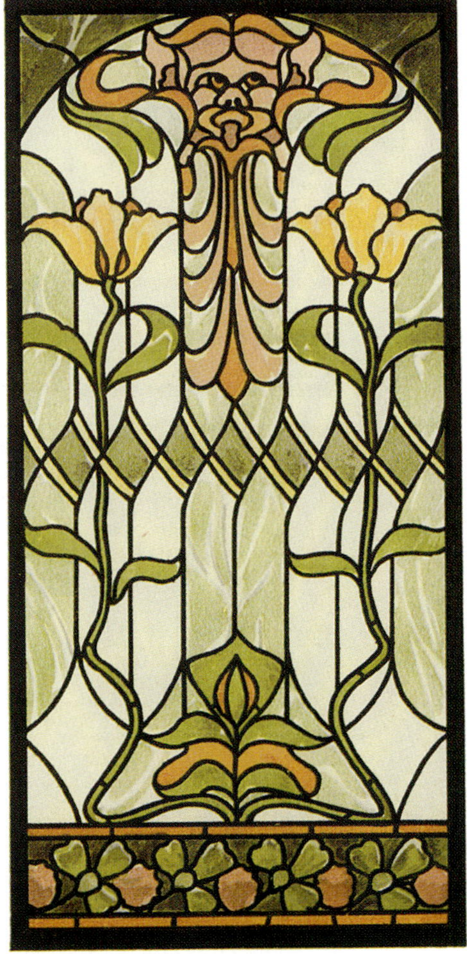

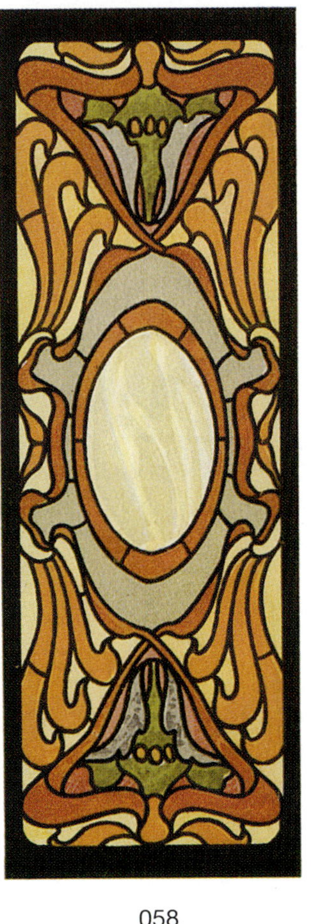

058

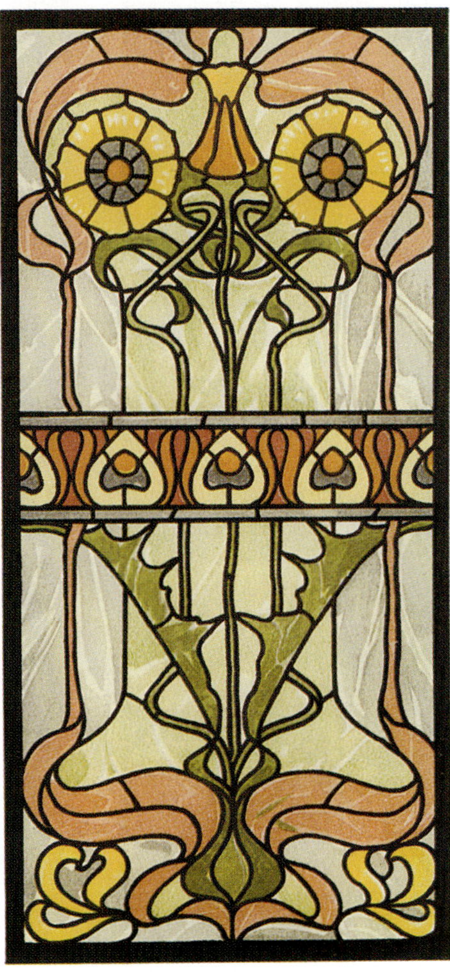

057

059

060 061 062

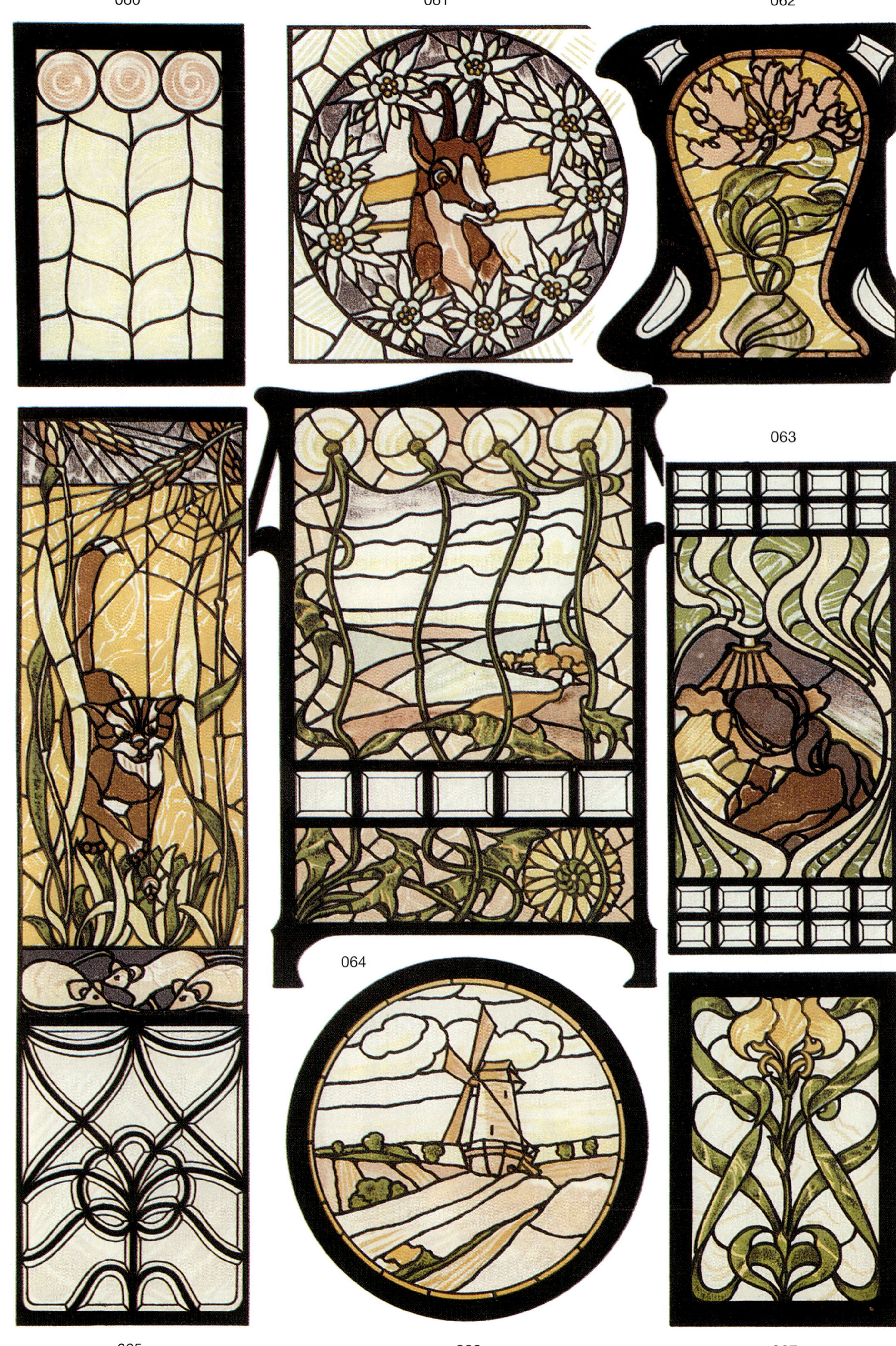

063

064

065 066 067

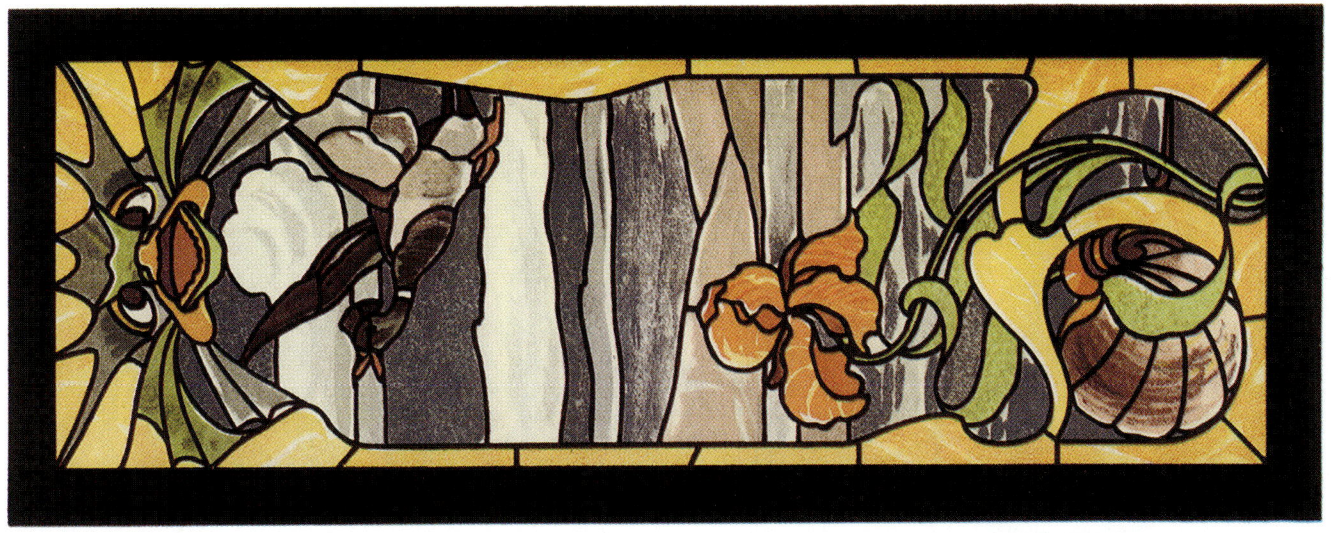
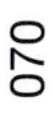
070

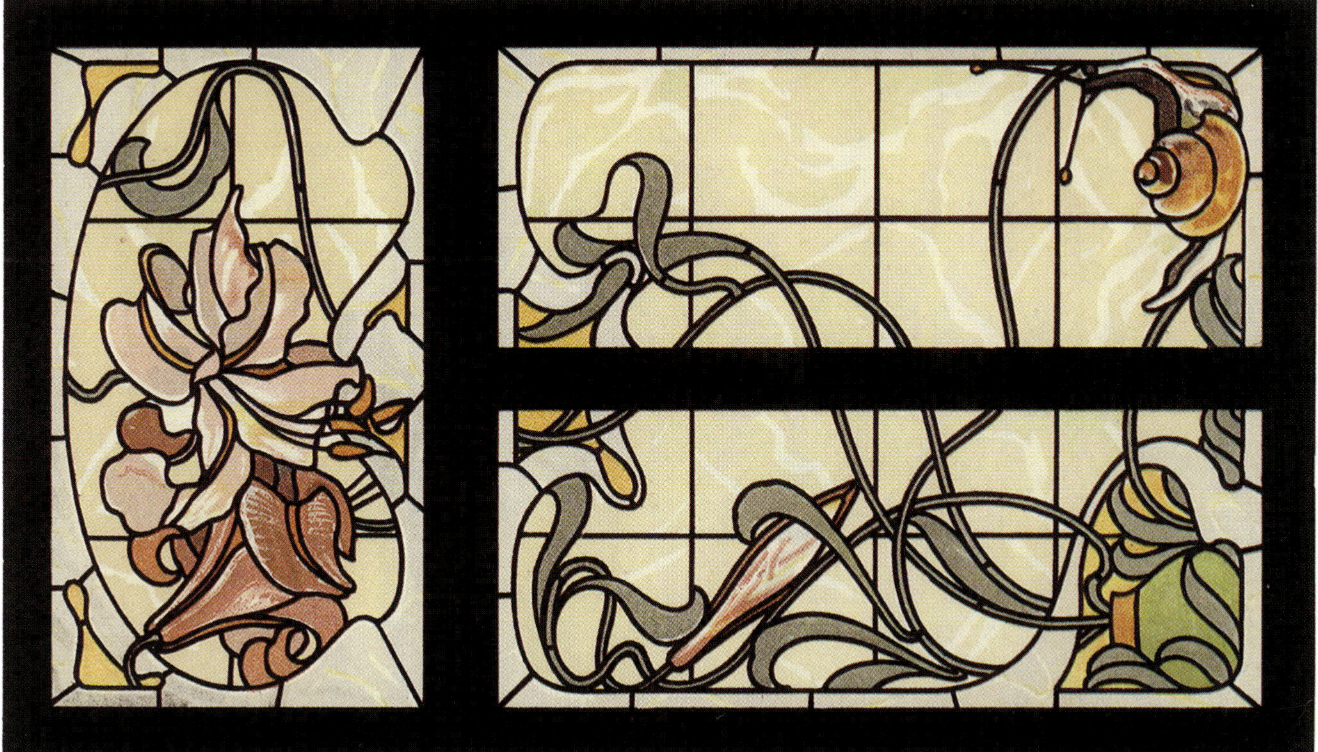

069

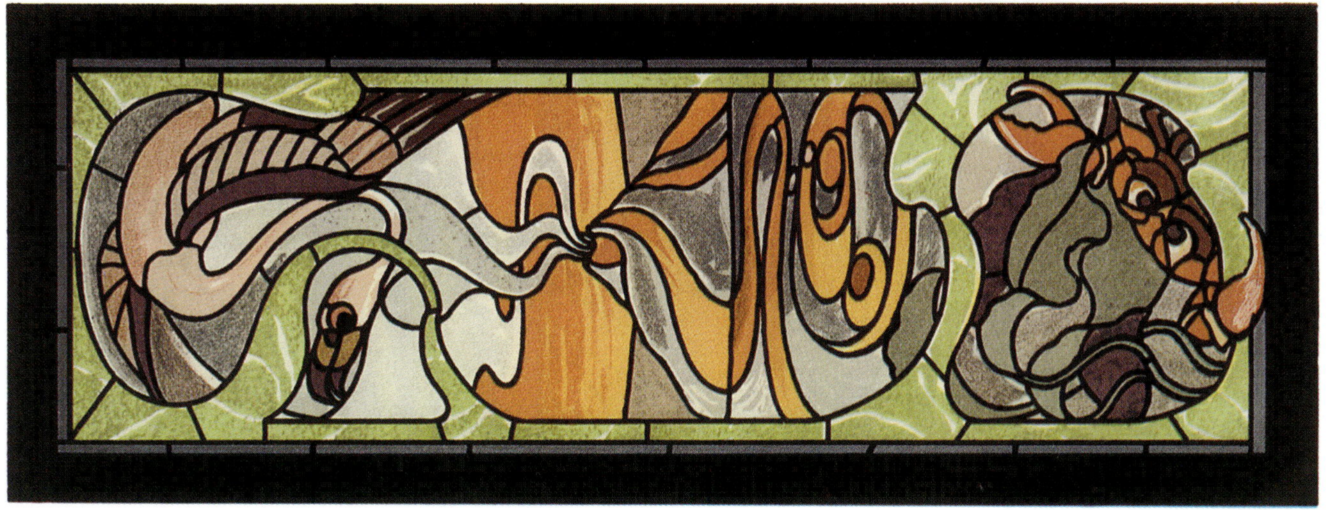
068

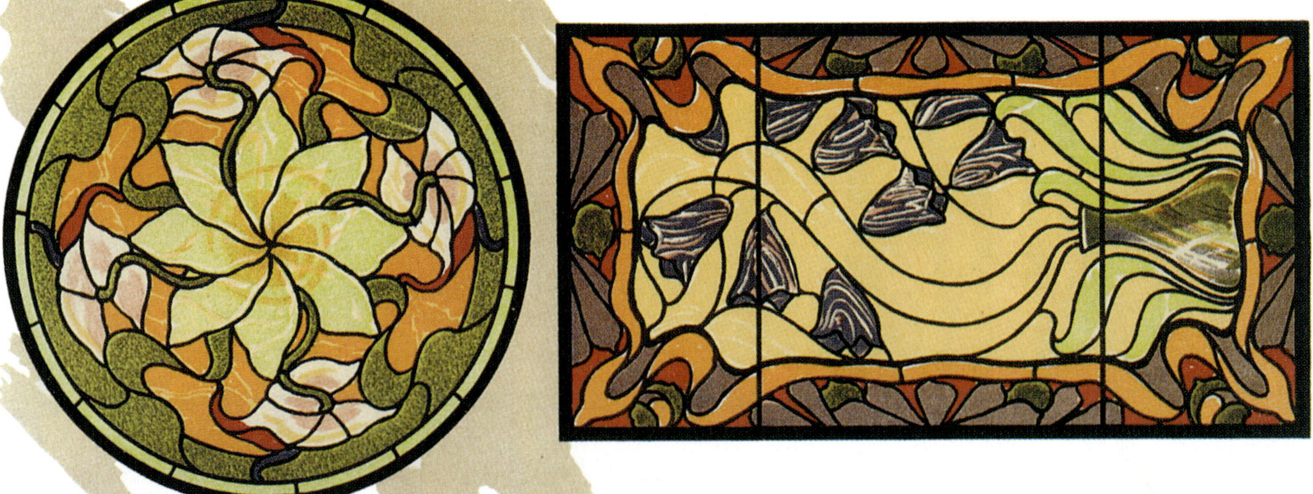
072

075

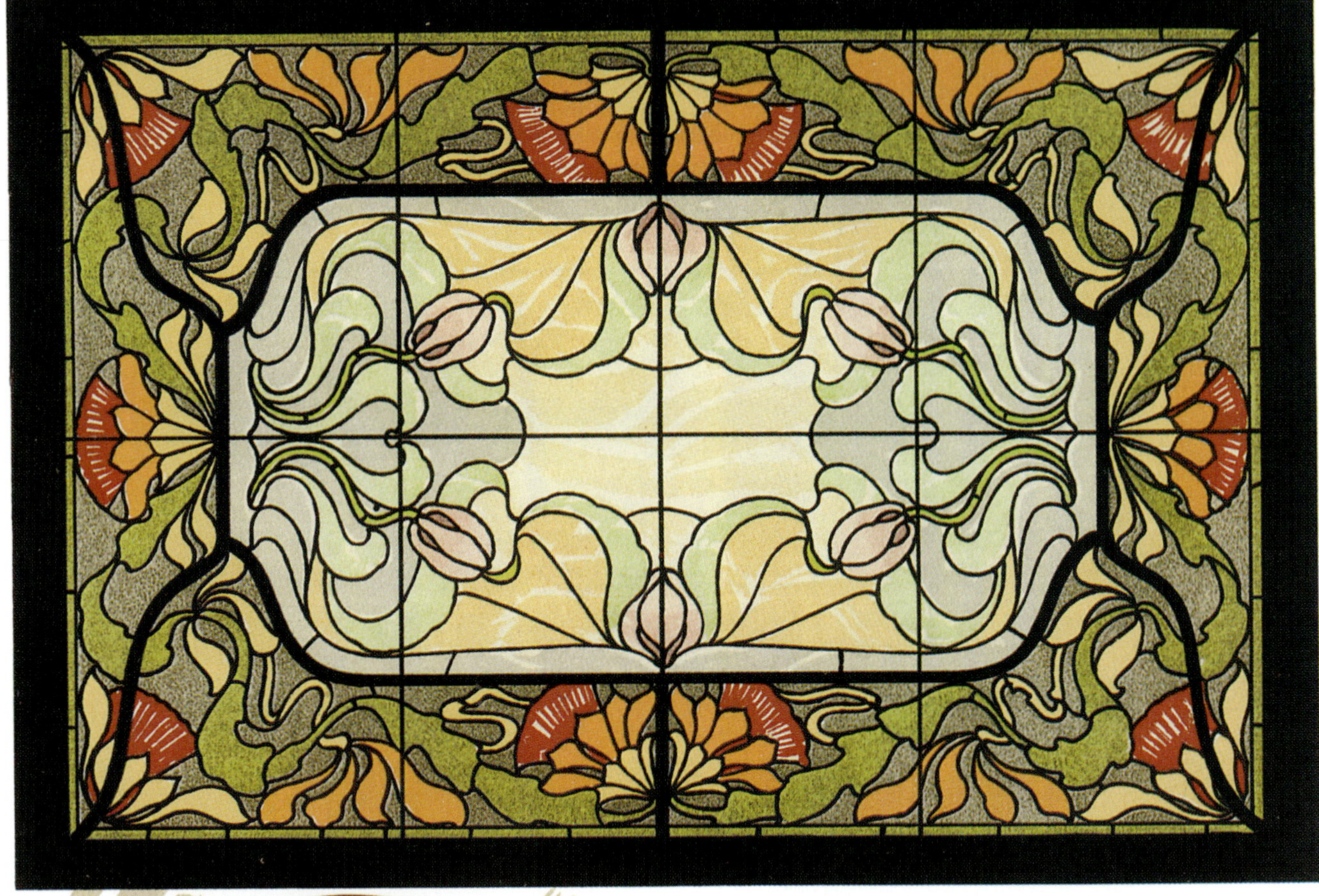
074

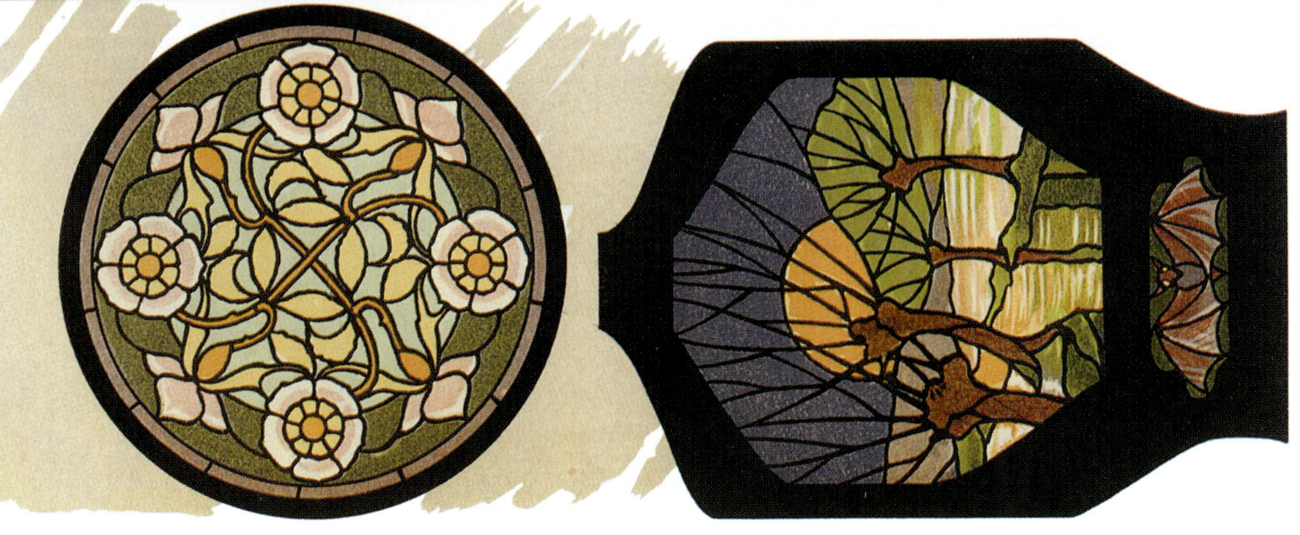
071

073

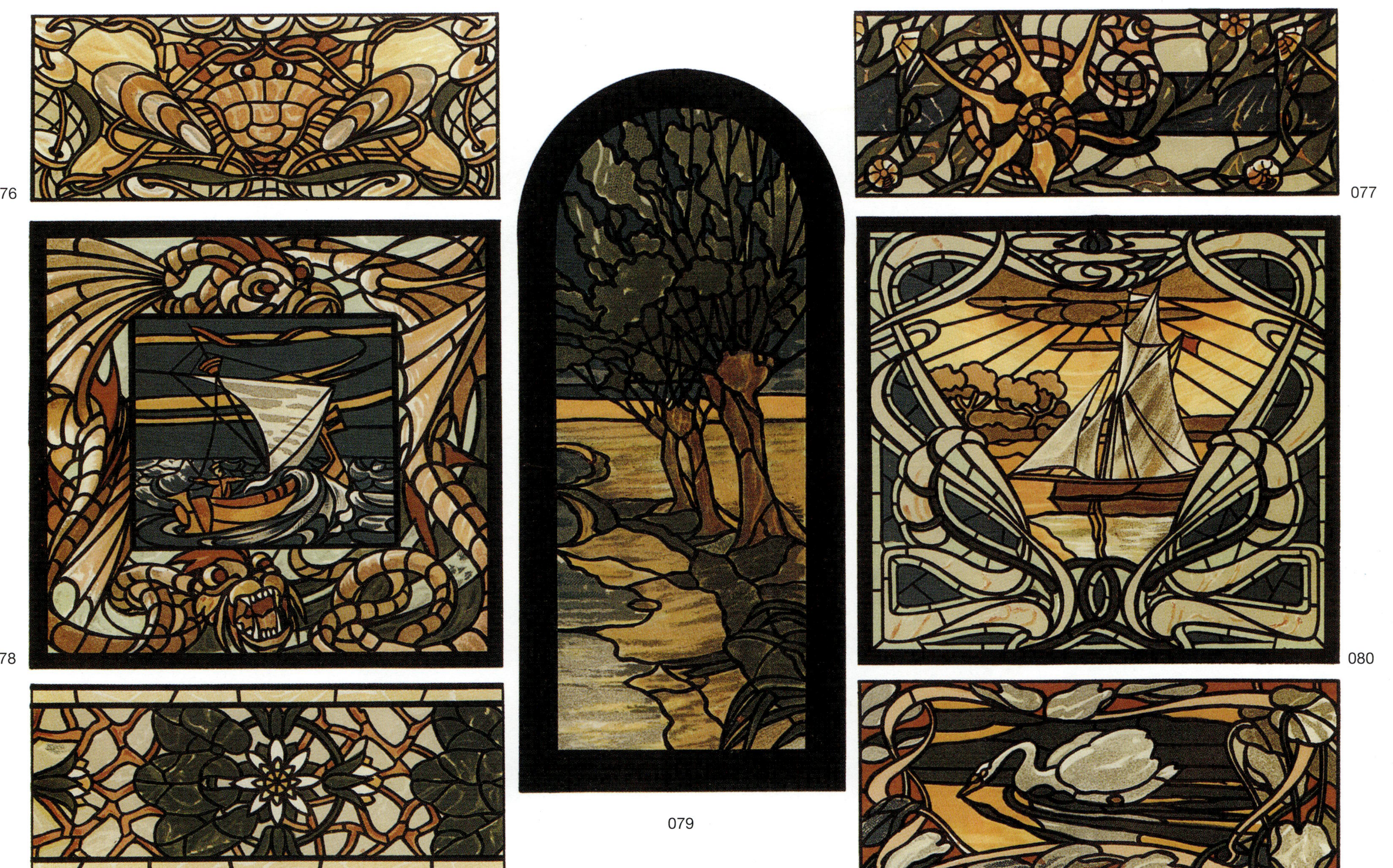

076 077 078 079 080 081 082

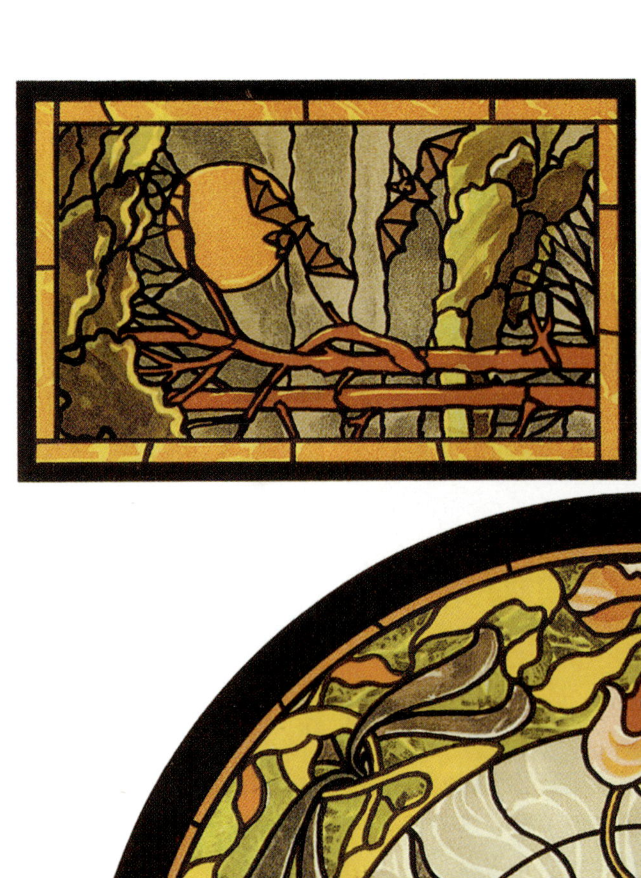
084

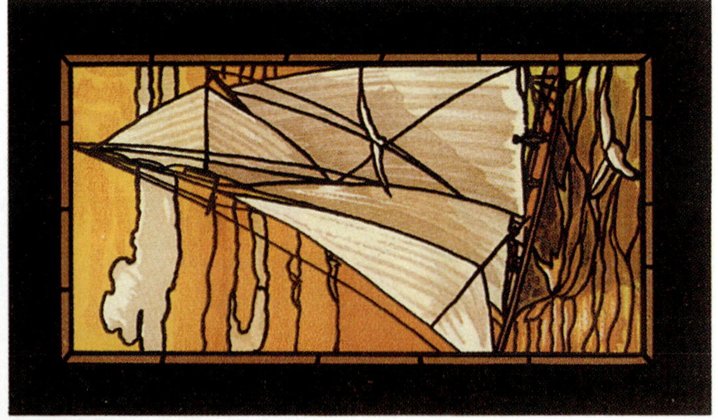
087

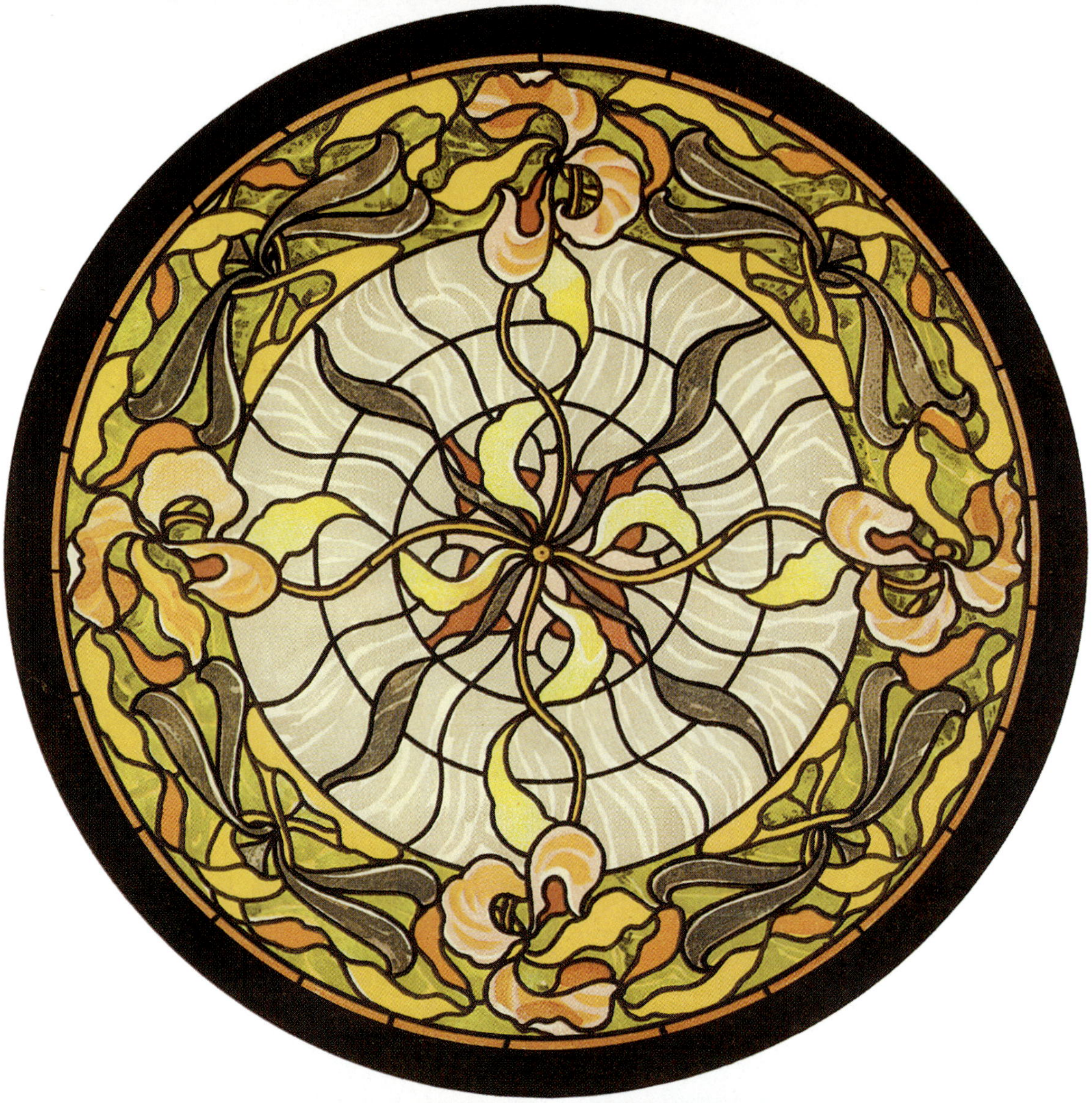

086

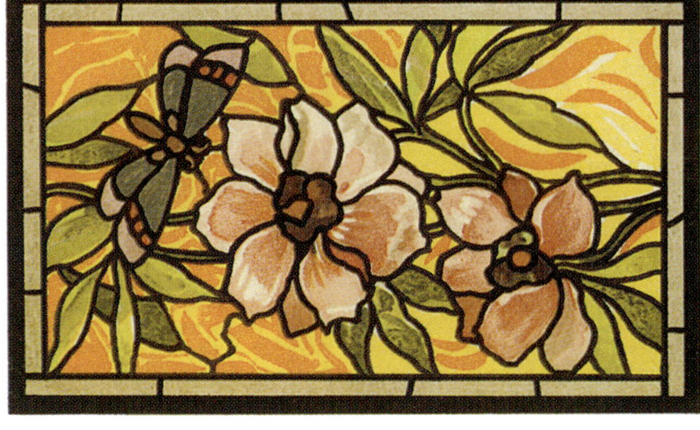
083

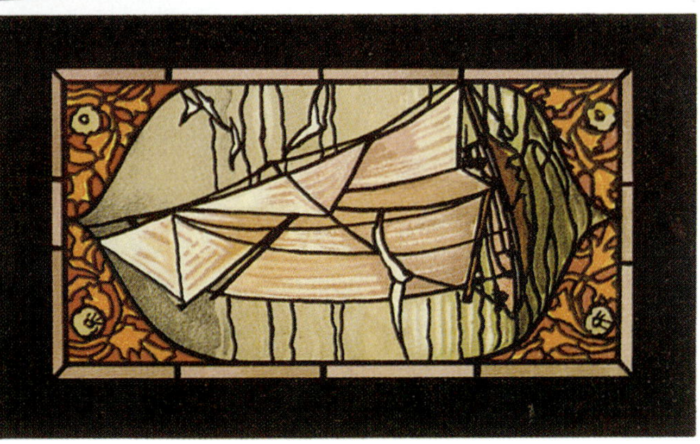
085

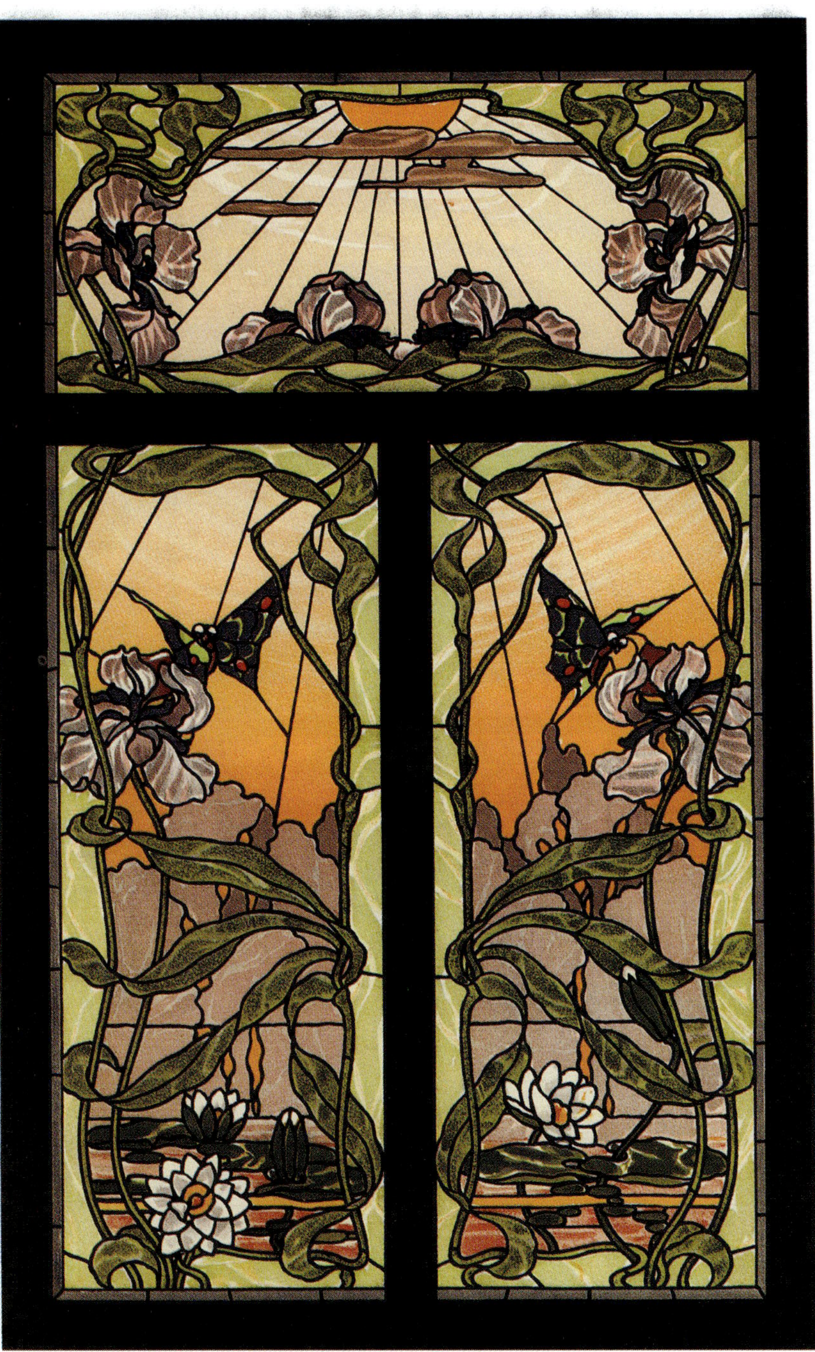

088

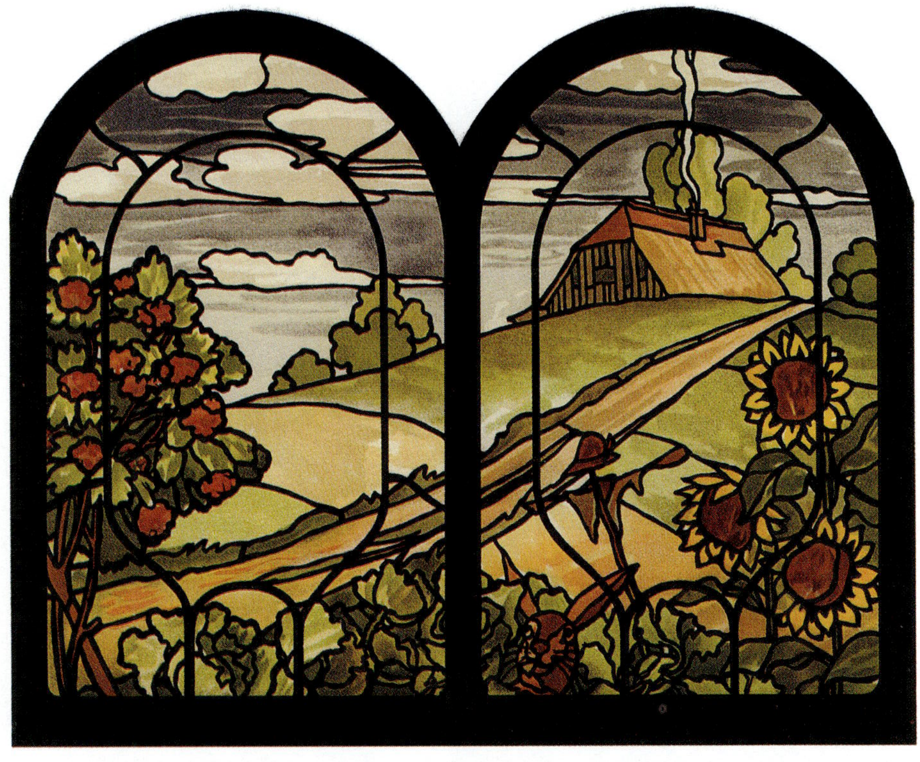

089

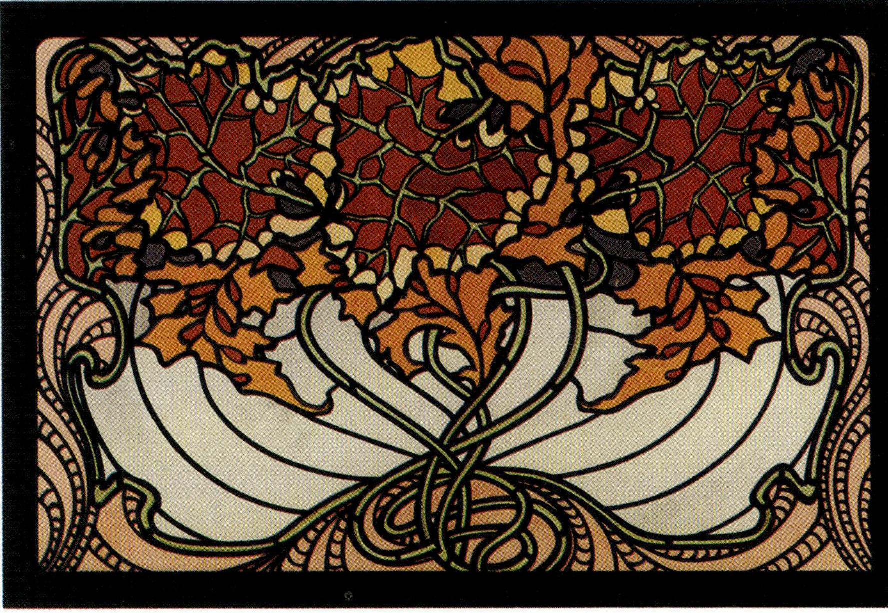

090

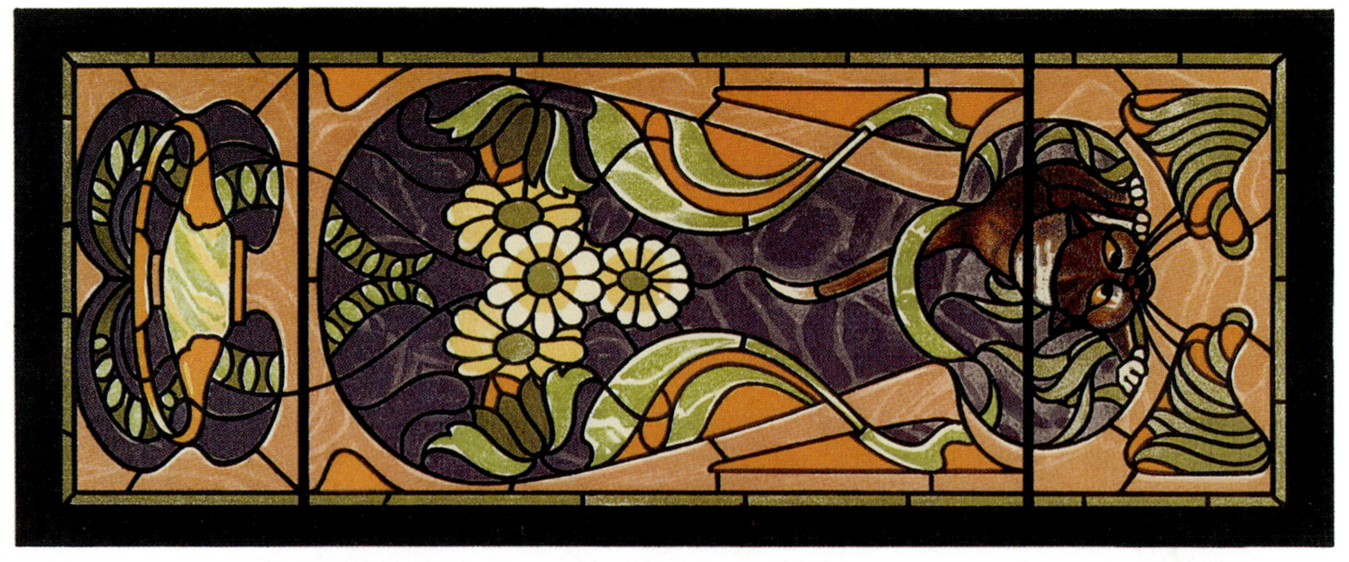

092

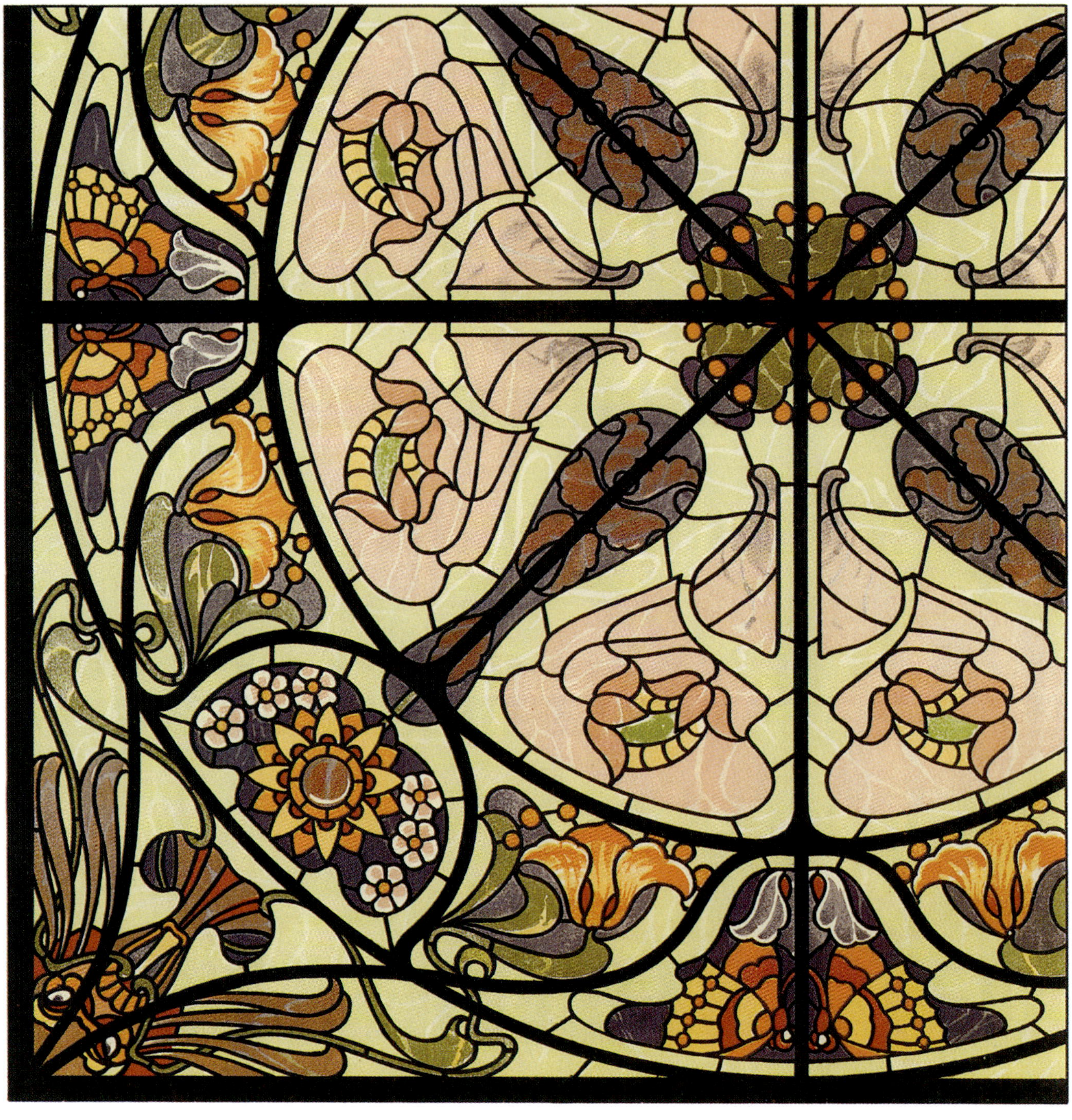

091

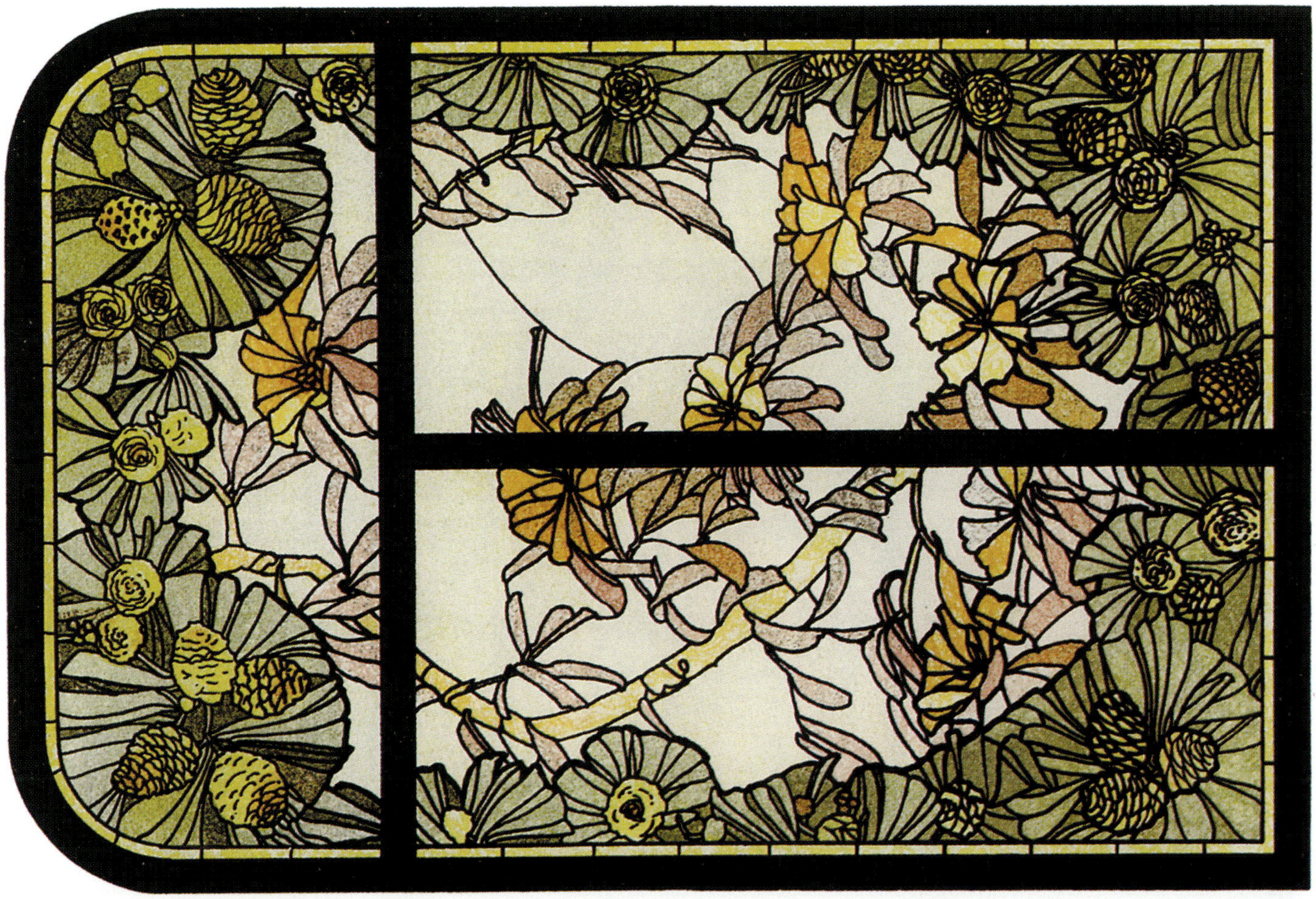

094

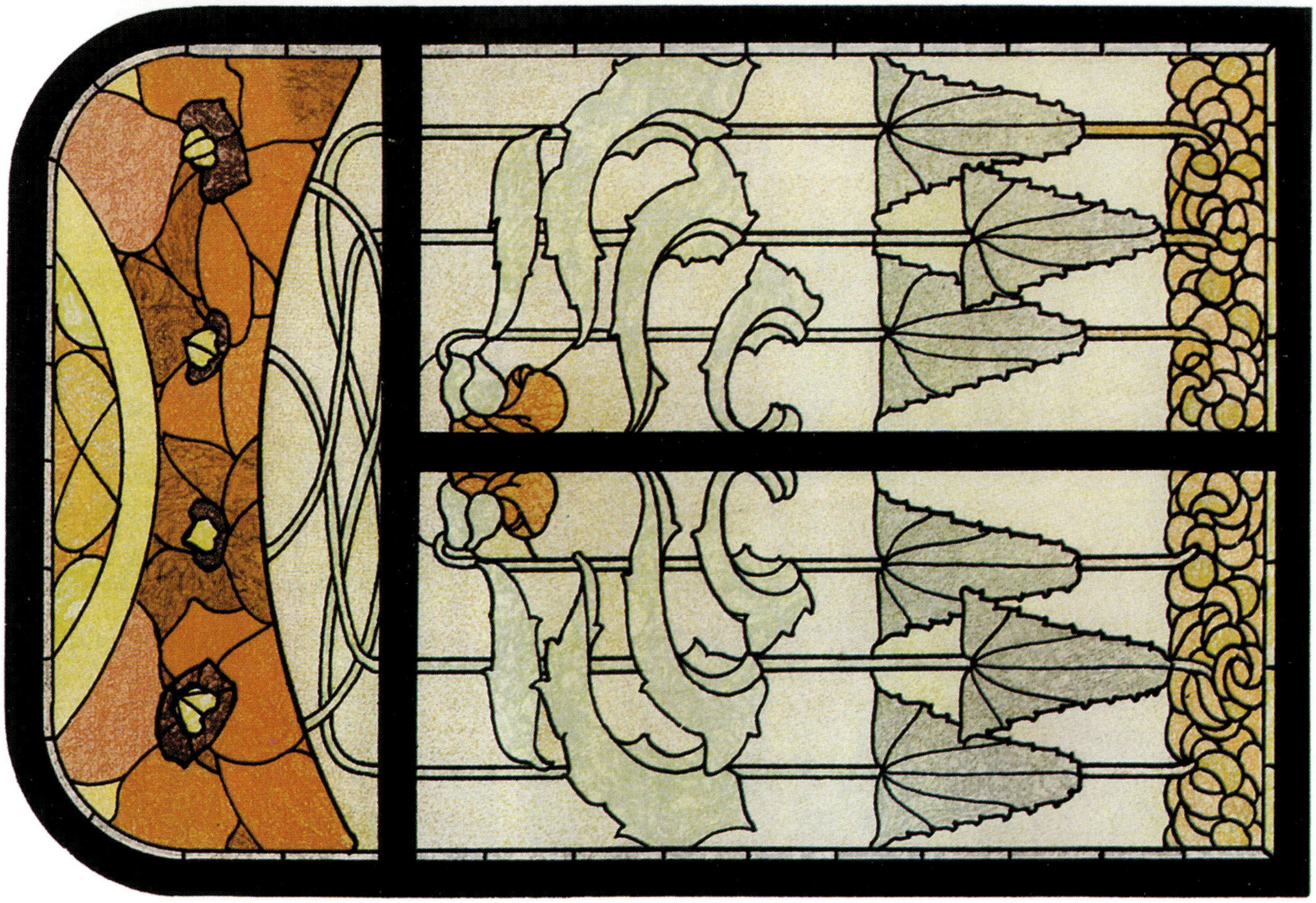

093

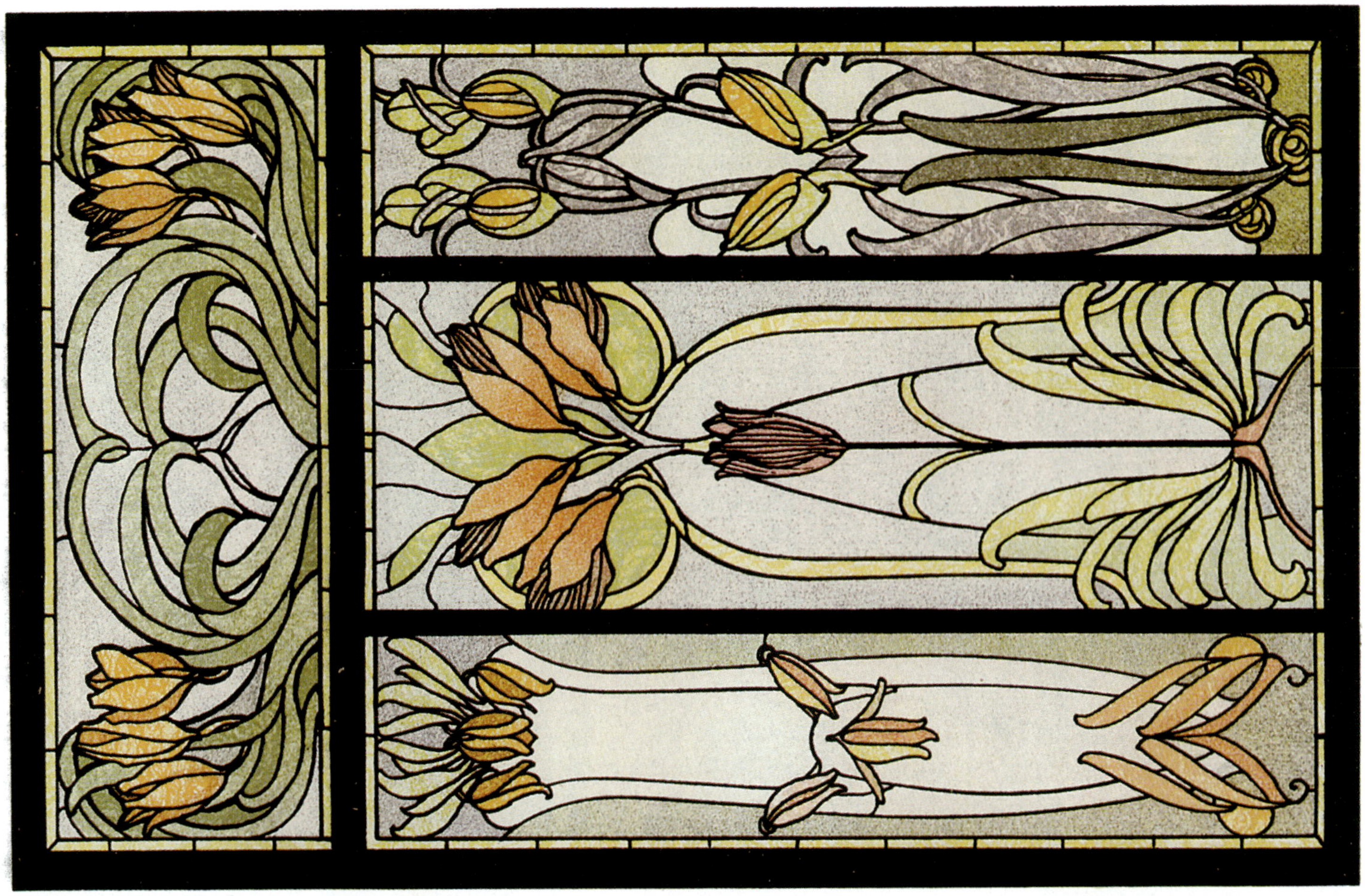

096

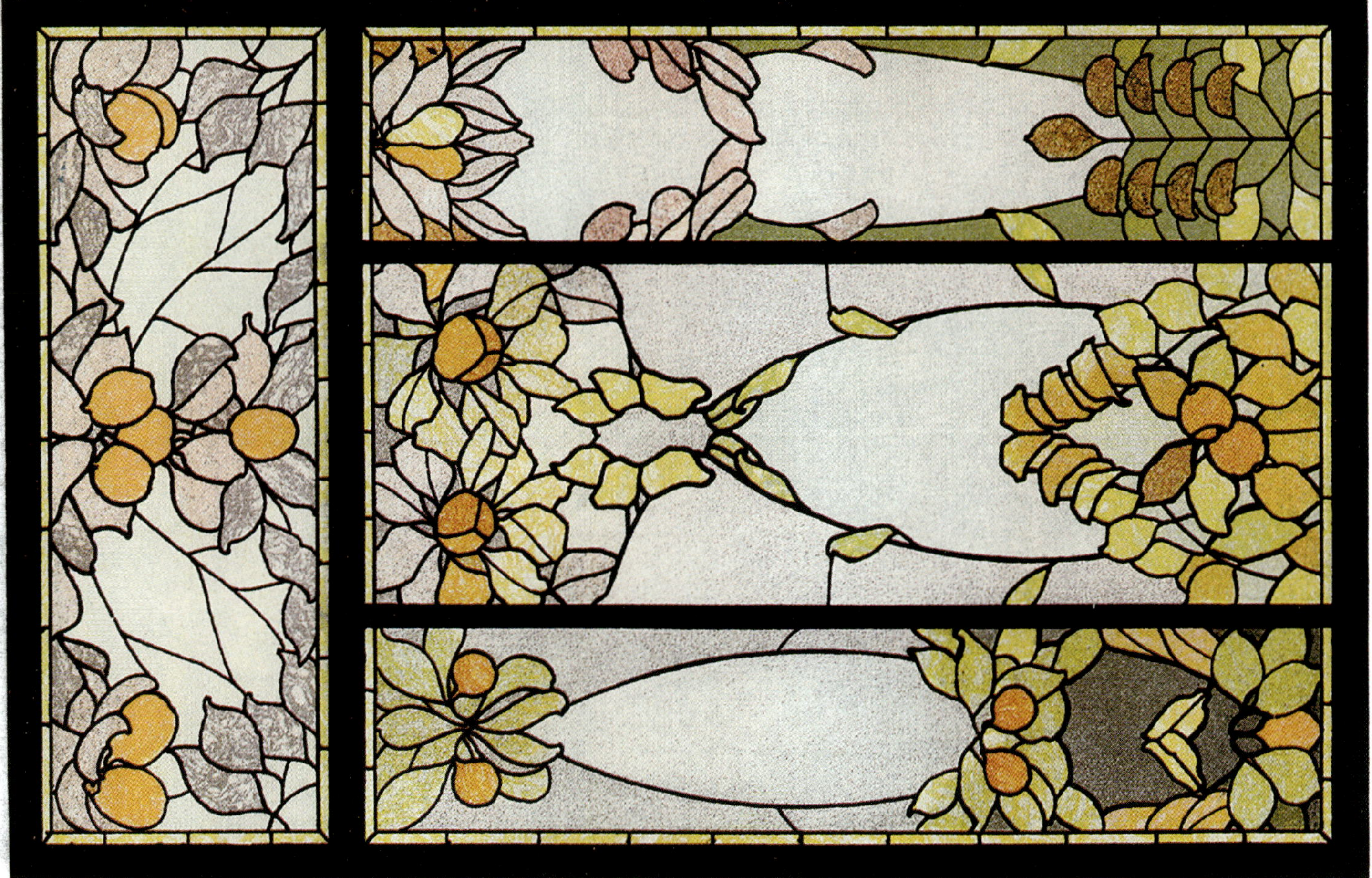

095

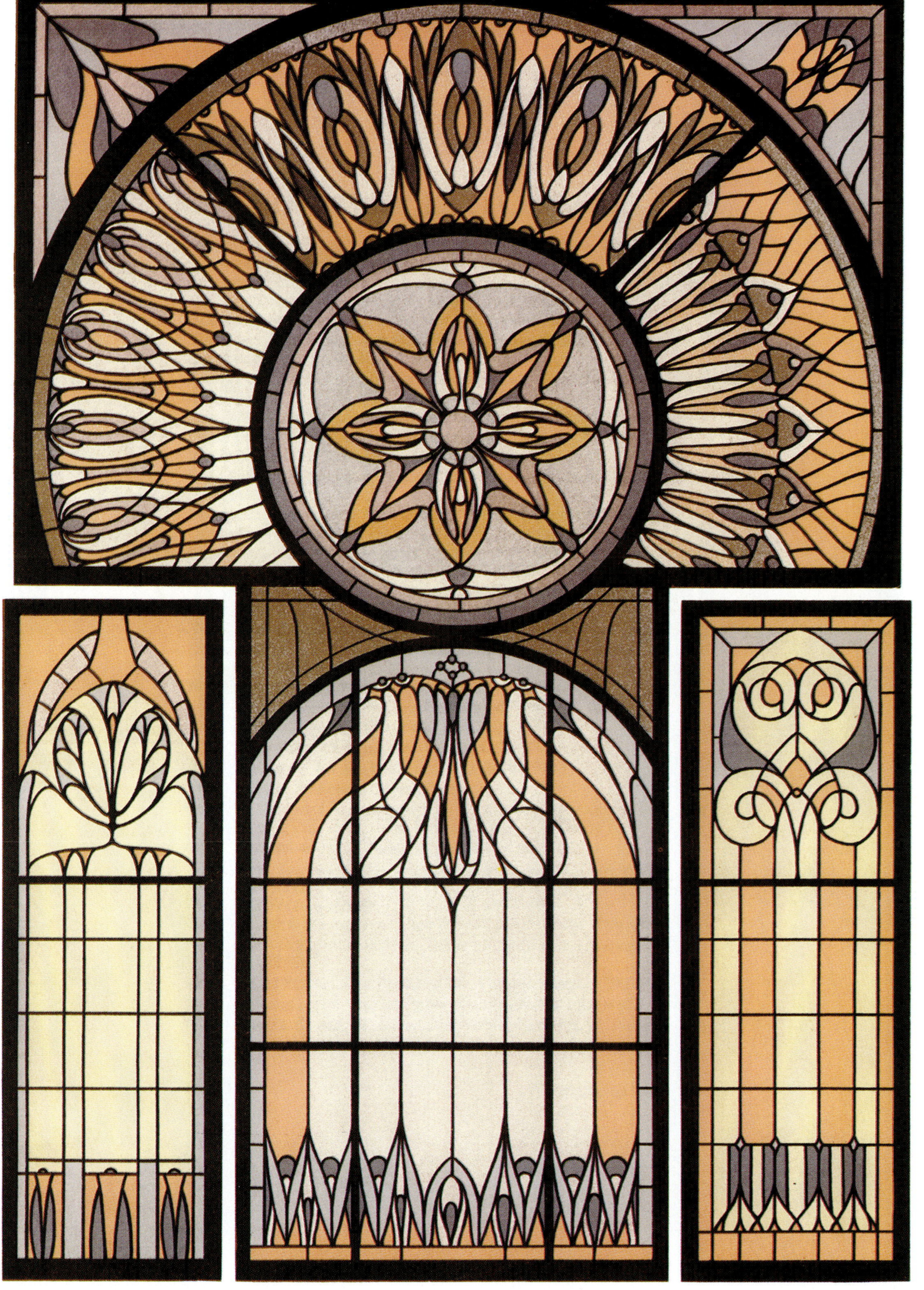

097 098 099

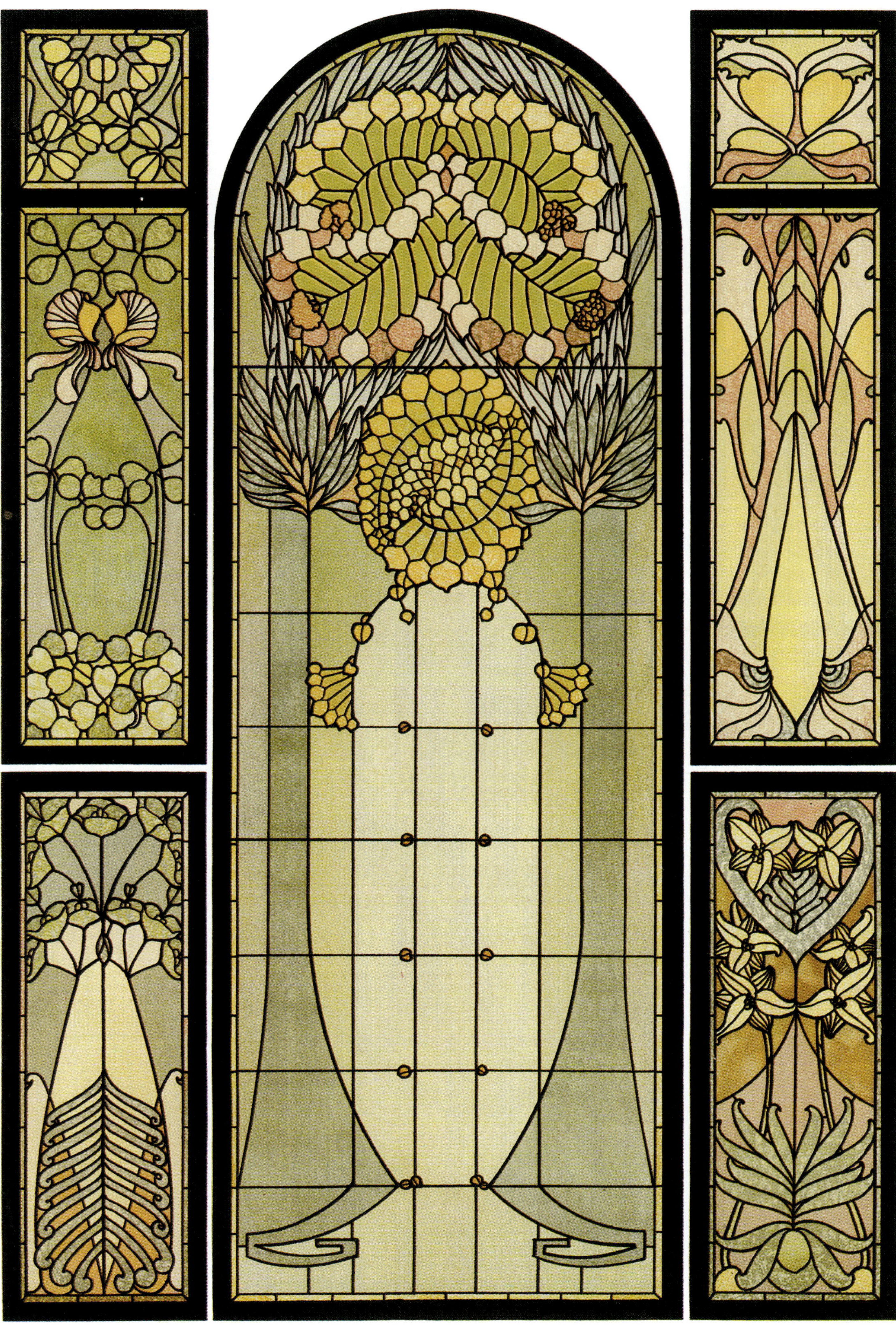
100
101
102
103
104

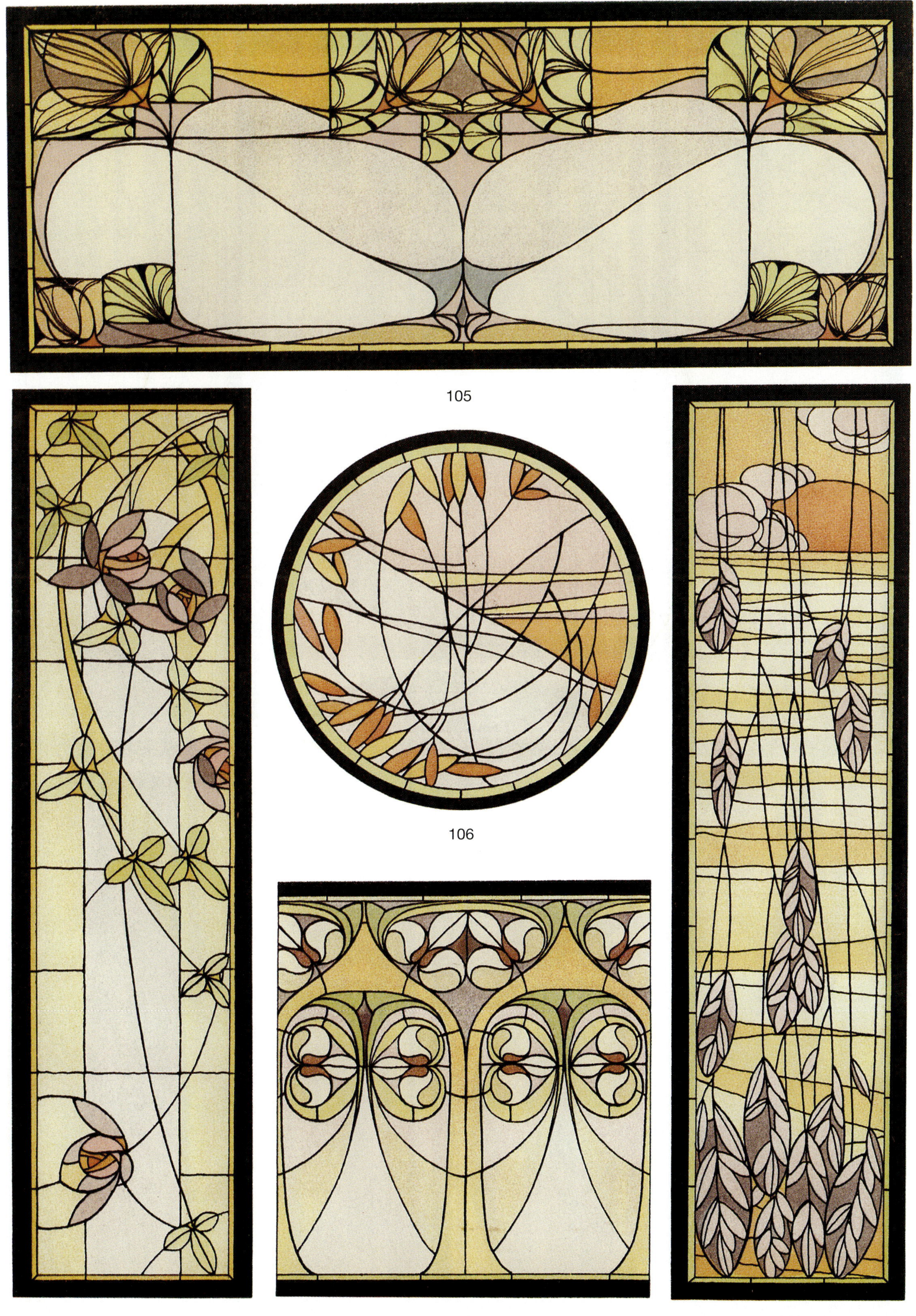

105

106

107

108

109

110 111 112

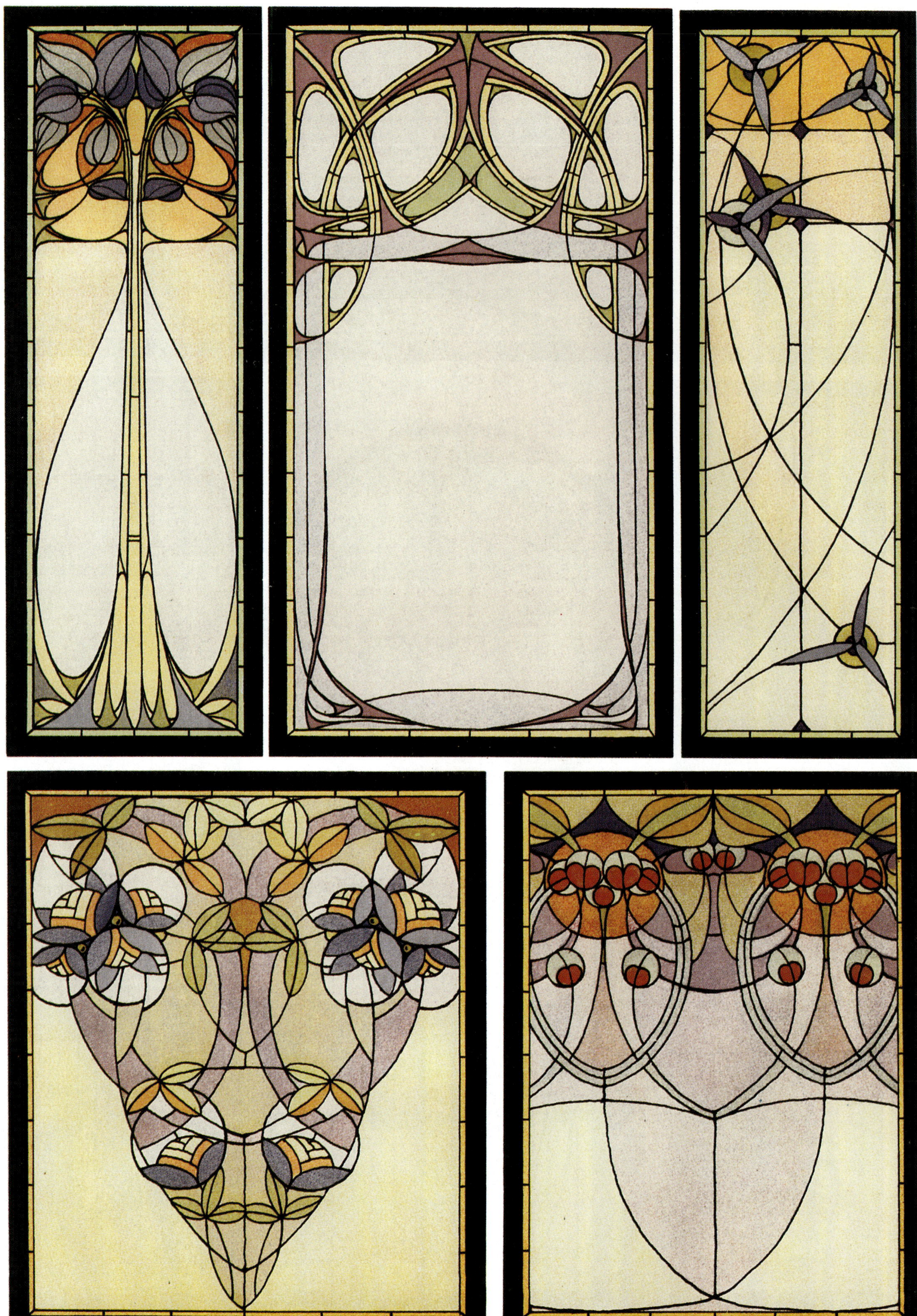

113 114